未读 ADR | 探索家

UNREAD

科学夜话

银河角落的

[日] **全卓树** 著

曹倩 译

銀河の
片隅で
科学夜話

海峡出版发行集团 | 海峡书局
THE STRAITS PUBLISHING & DISTRIBUTING GROUP

图书在版编目（ＣＩＰ）数据

银河角落的科学夜话 /（日）全卓树著；曹倩译

. —— 福州：海峡书局，2023.1

　　ISBN 978-7-5567-1017-1

　　Ⅰ.①银… Ⅱ.①全…②曹… Ⅲ.①科学知识—普及读物 Ⅳ.①Z228

中国版本图书馆 CIP 数据核字 (2022) 第 233246 号

GINGA NO KATASUMI DE KAGAKU YAWA by Takuju Zen
Copyright © Takuju Zen 2020
All rights reserved.
Original Japanese edition published by Asahi Press Inc.
This Simplified Chinese language edition is published by arrangement with
Asahi Press Inc., Tokyo in care of Tuttle-Mori Agency, Inc., Tokyo
Simplified Chinese edition copyright © 2023 by United Sky (Beijing) New
Media Co., Ltd.
All rights reserved.

著作权合同登记号：图字 13-2022-100 号

出 版 人：林　彬
责任编辑：廖飞琴　杨思敏
特约编辑：庞梦莎　王羽翯
封面设计：吾然设计工作室
美术编辑：程　阁　蒋碧君

银河角落的科学夜话
YINHE JIAOLUO DE KEXUE YEHUA

作　　者：	[日] 全卓树	
译　　者：	曹　倩	
出版发行：	海峡书局	
地　　址：	福州市白马中路15号海峡出版发行集团2楼	
邮　　编：	350001	
印　　刷：	北京雅图新世纪印刷科技有限公司	
开　　本：	787mm×1092mm，1/32	
印　　张：	7.5	
字　　数：	75千字	
版　　次：	2023年1月第1版	
印　　次：	2023年1月第1次	
书　　号：	ISBN 978-7-5567-1017-1	
定　　价：	58.00元	

关注未读好书

客服咨询

我们活着只为的是去发现美，其他

一切都是等待的种种形式。

——哈利勒·纪伯伦

目录

数理社会篇

伦理篇

生命篇

※ 第4、第5、第8、第17、第20夜为新内容。其余已在电子杂志 Asahipress（あさひてらす）及《第二编辑部博客》中刊登（2017年11月—2019年9月）。

序

在现如今的社会，要想在生活中完全不接触科学，就好比到海产丰富的沿海港口城市旅游，却一口海鲜都没吃就回去了一样。科学宛如一座秘密花园，被方程式和专业术语的墙壁围住，仅是路过则难以了解其魅力所在。而在这座花园的墙壁上开"窥视小窗"便是我们这些科学家的职责了。

于是，在主题未定时，我便决定写一本把科学趣味的核心传递出去的书。一个偶然的契机，我把这个想法告诉了一位出版社的朋友，但他立刻否定了我的想法，理由是科学随笔卖不好。我的本职工作是研究量子力学，取而代之，这位朋友帮我出版了一本不用公式讲解量子力学的书。

那本讲量子力学的书碰巧被朝日出版社的编辑看到了，他联系我说："如果能将您不怎么显出科学家风格的文笔修改得更简明易懂的话，或许科学随笔也能成功出版。"随后，我在网上公开了部分内容，经过测试后，这本书终于面世了。

或许出版社希望这是一本主题能够更加明确的书，但最终成品却是一本科学随笔，内容又五花八门。其实，最开始我对这本书的想法也经历了许多曲折，因此现在这个成品我已经颇为满足了。毕竟自由的思想才是科学发展的原动力。

本书包括现代科学诸多领域的成果，以及与之相关的人类的故事中最吸引我的部分，大致可以分为宇宙、原子世界、人类社会、伦理和生命五部分。其中大部分都是最近的研究，但也有300多年前的发现。不过每个话题都不太常见，相信各位读者也一定能从书中找到新发现。

每章都是独立的内容，基本上可以在15分钟至20分钟内读完。虽然书名有"夜话"二字，但并不限制阅读时间，各位读者可以在早晨上班的地铁中、午休时刻和傍晚闲来无事时，随意翻开一章探寻科学的乐趣。

阅读文章常常让人感到疲惫，令人萎靡，特别是现如今网络上充满内容各异的短篇，更会让人感到疲惫不堪。我希望在精妙的科学镜面上反映出的神秘而晴朗的世界能够帮助各位读者从这种郁闷的阴霾中解放出来。

这本书的面世也经历了一些坎坷，所以我首先要感谢本书的编辑大槻美和。她还帮我挑选了许多非常合适的插画。每一章写完我都会请我的大学同学兼人生导师——久须美雅昭读一遍，他不但认真阅读，还会提出宝贵的意见。对此，我感激不尽。此外，在写作过程中，我的妻子由美一直默默忍受着我总是板着脸来回走动妨碍她做事的举动，对她我也要表示特别的感谢。

天空篇

环绕着自身暗礁的银河之鱼。

比哥白尼还早的土地的扩张……

在睡眠的深处，泥炭层开始燃烧。

——吉田一穗《泥》

海边的永远

伫立在海边，静静聆听层层海浪拍打岸边的声音，心中便会浮现出"永远"这个词。

死亡与静止恐怕并不是永远的安宁。死后便褪色破败——万物皆如此，世界冷酷无情地任时光流逝，而这也是热力学第二定律的本质。即便是被人类视作象征永远的钻石光芒，也绝非真正的"永远"。30亿年前，天然钻石形成于超高温高压的地底岩浆中，这一过程无可复制，却会在几十亿年后全部化为灰烬。

或许那些不断循环、周而复始的东西才能

称为"永远"吧。比如潮涨潮落的反反复复，从太古时期便始终不变的昼夜交替，月亮的盈亏等，我们只有在这些永恒的周期运动中，才能寻觅到"永远"。

但事实上，每天太阳的升起和落下、月亮的盈满残亏、潮起潮落的节奏都并非一成不变。如果从几亿年的时间维度来看，即便是一天的长度也在发生改变。

一天的时长在以每年0.000 017秒的速度变长。而发生这种变化的原因，是每天月亮引发潮涨潮落时，海水与海底之间产生的摩擦导致地球旋转出现了微弱的减速。在其反作用力下，月亮获得角动量，并以每年3.8厘米的速度离地球越来越远。由此，每月的时长也略有变长。

珊瑚表面刻着日复一日潮涨潮落的纹路。

将珊瑚纹路四季不同的深浅拿来对比就会发现，上面正好有与一年365天相对应的环纹数。然而，考古学家科林·斯克鲁顿（Colin Scrutton）对3.5亿年前的澳大利亚珊瑚化石标本进行调查后发现，珊瑚体壁上刻有385条环纹。也就是说，那时的地球一年有385天。随后通过计算，人们发现当时的一天只有不足23小时。通过相同的数据积累，学者们推算6亿年前地球上每一天的时长为22小时左右，而9亿年前则只有20小时左右。

天文学家的计算结果显示，500亿年后，地球上一天的时长将相当于如今的45天左右。届时，一天的时长将与现在一个半月的时长差不多，地球将总是以同一个面朝向月球。到那时，地球上将会出现总能看到月亮的国家和永远看不到月亮的国家。而一直远离地球的月球也将会比太阳看起来小得多，因此，地球上的我们将永远看不到日全食了。无论在地球上的哪个海边，也绝对不会再看到潮起潮落。

不过，这幅寂寥的光景恐怕我们的子孙后代也是看不到的。因为早在那么遥远的未来到来之前，变成红巨星的太阳就将把月球和地球全部吞没，并燃烧殆尽。

我们的世界并不存在永劫的回归，因此"永远"应该也并不存在。

众所周知，出生于19世纪末的德国哲学家尼采提出了"永劫回归"这个概念。翻阅他的著作，努力读懂他那充满文学修辞又晦涩难懂的教义后，我从他的书中大致总结出以下内容：

虽然在这个世界上，事物的变化不断循环，曾经发生过的一切几乎都会重复上演，但最终

决定是否要重来一遍的是我们的想法。所谓"超人"（具有非凡能力之人），会肯定自己前世的一切，他会做出让世界"永劫回归"的决定。精神的韵律、肉体的脉动，生命的死亡和再生的律动，其实是人类的意志试图将现实中不可能存在的永劫回归的理念带到这个世界上，绝非其他。

尼采眼中的"永远"究竟是病魔缠身之下的幻影还是世界的真实面貌，我们不得而知。但遵循我们的想法度过的每一天的循环，日出前渔港的热闹，大城市早晨人挤人的地铁，随着信号灯颜色的变化从十字路口涌出的人流和车流，午饭时主持人播报新闻时一成不变的声音……这些人类世界不会停止下来的律动才赋予了我们这个世界意义，也支撑着我们的世界继续存在，这应该是不争的事实吧。

如果世界上真的存在能够让人预感永劫回归、预感永远的某样东西，那应该就是尼采说的那种摆脱毁灭、追求重生的生命的意志了吧。

世界的存在以及证明世界的存在都需要有能够守望世界运行的认识主体。或许"永远"并不是海浪的律动本身，而是存在于能够在那个律动中感知无限重复的我们的意识之中。可以说"永远"正是存在于诞生、成长、繁衍、死亡这些无尽循环的每一个瞬间和生命意识的所有瞬间之中。

流星雨的夜晚

流星来自哪里？

从很久以前开始，世界上许多国家都广泛流行着对流星许愿的民俗。这应该是因为人们将毫无预兆出现、伴随着一瞬光芒又迅速消失的流星，看成了被天界派下来的幸运使者吧。

流星是天上掉落下来的星星——在古代的学术界，人类这个质朴的推测其实是被否定的。亚里士多德在著作中曾提到，流星属于大气层内的现象，与天界毫无关系。

但在这件事上，比起学者们的说法，民间

质朴的认知恐怕更接近事实。据现代天文学的说法，流星的"真面目"其实是彗星或小行星在其运行轨道上散落的直径约10厘米的岩石块或冰块。这些小碎块被地球的重力吸引，在大气层中一边燃烧一边落下，这就是人们看到的流星了。当地球通过某个有大量小碎块的彗星或小行星的轨道时，一个小时内就会有几十个流星落下，形成流星雨。

大部分流星都会在大气层中气化殆尽，但也有一些体积过大未能燃烧殆尽的流星最终会落到地面，这便是陨石。陨石的成分与地球表面的其他物质明显不同。因此，研究陨石也能够成为学者推测它原本来自的那颗彗星或小行星构成要素的重要手段。

甚至有些时候，落下来的并非碎块，而是

几乎一整颗彗星或小行星。人们最近一次观察到的大块彗星掉落发生在1994年7月，苏梅克－列维9号彗星（Shoemaker-Levy 9）被木星的重力吸引，受到木星强大的潮汐力影响而被碎裂成二十多块碎片，纷纷砸向木星表面。

虽然与木星相比，地球的重力要小很多，因此这种直接的撞击现象极为罕见，但按理说地球每隔几千万年应该都会经历一次。我们假设有一颗直径数十千米的彗星直接砸向地球，那它带来的能量将是人类现有核武器总和的数万倍之多。从众多强有力的证据来看，在距今6600万年前，有一颗巨大的流星落在地球上，引发了巨大的地震和海啸，以及持续了近10年的浓雾，也导致地球经历了一场由陨石撞击带来的昏天黑地的寒冬。地球上76%的物种灭亡，也就是我们现在所说的中生代与新生代的分界——白垩纪–古近纪灭绝事件。因为这颗特大流星，地球上的恐龙几近灭绝，哺乳类动物则成了地球上的新主人。从这个角度来看，人类觉得流星很美并且向流星许愿，似乎也是合乎道理的。

流星带来的并非只有破坏与生态系统的更迭。还有一个较为可信的说法，即地球上的部分水是含水量丰富的巨大彗星撞击地球时带来的。此外也有观点认为，构成生命基础的许多有机物并非在地球上慢慢形成的，而是附着在来自彗星的陨石上，被带到地球上来的。不仅如此，猜想各种生命形态存在于全宇宙的假说，即"泛种论"（Panspermia）也在生物学界和天文学界拥有一批支持者。

如果没有流星，恐怕各位读者今天也不能手捧本书阅读这段文字了。伴随一瞬光芒而消

失的流星，既是天界派下来的幸运使者，也是人类生存的必要条件之一。

*

那么流星的母体——小行星和彗星，又是从何而来的呢？

彗星与小行星极其相似，四周都被气体环绕，而有"尾巴"的便是彗星。由于小型天体都含有水分，当它们接近太阳时便会蒸发而拖出一条"尾巴"，因此仅通过是否有"尾巴"也难以判别有些星体到底是彗星还是小行星。

很多小行星都是从木星和火星之间的"小行星带"误闯进来的，好比隔壁来的访客。另外，大多数彗星起源于太阳系外侧的世界，这些地方更加遥远，我们也不熟悉。按照彗星

绕太阳运行的
"周期",也就
是彗星再次回
到同一个地点
所需的时间来
看,可以将彗
星分为两类。

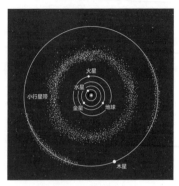

小行星带——小行星的故乡

其中,周期为200年以下的被称为"短周期彗星",而周期在200年以上的则被称为"长周期彗星"。周期长的彗星也能够相应地到达离太阳更远的地方。

短周期彗星来自"柯伊伯带"(Kuiper belt)。这片区域呈圆环状,比火星、木星甚至土星、天王星还远,在太阳系最外侧的行星——海王星的轨道外侧。在太阳和地球之间距离约30倍到100倍远处,有一片寒冷地带,无数以冰为主体的小天体散落在此。在柯伊伯带，还有冥王星以及阋神星等矮行星运行，这些星体都会大幅弯曲偶然接近小天体的运行轨道，甚至有时小天体之间也会因为发生碰撞而改变运行轨道。而在被改变轨道的小天体中，落向地球所在的太阳系中心区域的便是彗星。

由于柯伊伯带的圆环处于地球公转面上，因此从地球上观察短周期彗星，它们全部都出现在太阳上空方向的轨道上。"先锋号""旅行

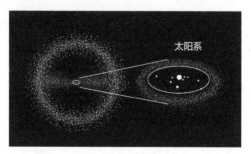

太阳系

[右]柯伊伯带——短周期彗星的故乡
[左]奥尔特云——长周期彗星的故乡

者号"等人类发射的探测器已经到达过柯伊伯带，有些甚至到了更远的地方。

长周期彗星以周期超过千年的彗星为主。其起源在地球轨道半径1万倍到10万倍那么远的地方，由于距离过远，我们根本看不到那些行星，并且太阳的引力也会被其他星体削弱，处于临界点，即便是以光速从太阳出发，抵达长周期彗星所在的地方也需要花费一个月到一年的时间。历史上著名的巨大彗星大部分都属于这种长周期彗星。由于长周期彗星会出现在地球公转面各个角度的轨道上，因此从地球上看去，天空中任何方向都会出现长周期彗星。

这样一来，我们不得不考虑在地球轨道半径数万倍、距离太阳几兆（万亿）千米的极寒地带，有一个包围着太阳系的厚厚的球壳状的彗星集合。注意到这一点的人便是荷兰天文学

家扬·亨德里克·奥尔特（Jan Hendrick Oort），因此这个被认为是"太空西伯利亚"、太阳系尽头的区域也以他的名字命名，称为"奥尔特云"。天文学家认为，这个区域甚至可能有一兆左右的冰冻小天体。受接近太阳系的其他恒星以及奥尔特云中小天体之间碰撞的影响，被弹飞到太阳系中心方向的便是长周期彗星。

*

由于奥尔特云离地球太远，因此一直以来其性质和起源都被重重谜团包裹。但围绕这些话题，出现了"涅墨西斯假说"这一颇有意思的讨论。这个假说认为，太阳其实是双星，还有一颗未被人类发现的暗淡无光的小型红矮星"涅墨西斯星"，这颗红矮星围绕在奥尔特云附近运行。若这一假说成立，那么每当涅墨西斯星经过奥尔特云时，就会导致很多彗星一起向地球附近袭来。由此一来，地球上便会反复出现物种大灭绝。1984年，芝加哥大学古生物学家戴维·劳普（David M. Raup）和杰克·塞普科斯基（Jack Sepkoski）通过研究过去2.5亿年的地层发现，地球上物种灭绝的周期是2600万年。

因此，可能真的存在一颗太阳的伴星，而这颗暗淡的伴星每隔几千万年，就会为地球带来"遮天蔽日"的彗星风暴和令人目眩的流星雨！

这是一个多么令人不寒而栗的假说啊！此外，最近的理论研究表明，基本上所有的恒星都并非单体，而是以双星的形式诞生的。这一观点也侧面印证了涅墨西斯假说。事实上，我们观察太阳附近的星星后就会发现它们很多都并非"单身"，比如半人马座南门二便是三合星，猎户座天狼星是二合星，而小犬座南河三也是二合星。

人们彻底探索了太阳附近暗淡的星星，但至今仍未找到涅墨西斯的身影。甚至最近也有新研究根据统计有效性的观点，对劳普和塞普科斯基的周期灭绝说提出了疑问。还有观点认为涅墨西斯曾经确实存在过，但在数十亿年前就飞往外宇宙了。目前，围绕太阳的秘密伴星之争，在学界越来越激烈。对于探索太阳附近暗淡星体的特殊新型观测装置也在制作之中，如今人们仍在不断寻找涅墨西斯的身影。

彗星带着太阳系最远处的秘密到访地球轨道。而彗星的碎片——流星，正是遥远宇宙派来的秘密传达者。

春意盎然的某个4月末的夜晚，是天琴座流星雨的峰值。成群结队的学生、带孩子的夫妻、年轻的情侣……大家都为了观看这场久违的天文盛宴而聚集到日本高知工科大学的操场上。人群中甚至还能看到抱着大型摄影器材的男性，似乎是自由职业者。那天，即便早已夜深，大家也不打算离开。

一个男孩用天真烂漫的声音向离开位置刚刚回来的母亲骄傲地说道："我看到了12个呢。"紧接着人群中一下子爆发出欢呼声。东边的天空上，一个完美的火球拖着青白色的尾巴，从织女星向着天鹅座的大十字方向滑落。这番场景是那么鲜明而强烈，令人难以忘怀。

是啊，正是因为看到的是一位从太阳系尽头幽冥的远方到来的使者，人们才会响起欢呼声。

居住在世界中心的黑暗

"世界的中心有一片巨大的黑暗。"

今天的嘉宾讲师、高知大学物理学系教授饭田圭的演讲以这句话拉开帷幕。

宇宙的中心到底在哪里呢？其实这个问题很难回答。因为宇宙被埋藏在多维度空间中，是一个两端相接的闭合空间。这个问题就好比问正好生存在地球表面二维世界的生物，地表中心在哪里一样，毫无意义。

白天，天上有耀眼的太阳。正如哥白尼的"日心说"所说，众所周知，太阳是包括地球、金星、火星在内的太阳系整体的中心。那么，夜晚星空高挂，这时的世界中心又在哪里呢？我们能看到的几乎所有星星都属于我们所在的银河系（天の川銀河）。因此，可以说银河系中心才是目前我们能看到的世界的中心。

初夏的深夜，天空中银河高挂，这番景象只有在圆盘状银河系内侧的我们才能看到。从天空中天鹅座的四周开始探寻，银河南面地平线稍微上方的便是火红色的天蝎座心宿二，而银河系中最为明亮的人马座附近便是中心位置。

在银河外部的设想图中，比起扁平的圆盘状的周边区域，银河的中心看起来更像是格外明亮的橘子形状。但我们是看不到这番景象的，从我们的位置看过去，银河的中心反而像是被挖掉了一部分似的十分黑暗。造成这个景象的原因是暗黑星云的存在，这种连光都几乎无法穿透的黑暗气体存在于我们的太阳系和银河中心地带。很长一段时间，我们认为的世界中心"银河系中心"都无法进入人们的视野，是一片空白的世界。

而红外天文学和X射线天文学的发展，使这个状况在近几年发生了翻天覆地的变化。这是因为比可视光波长更长的红外线和波长短得多的X射线可以穿越暗黑星云。

用红外线看到的星体，越靠近银河系中心，星体的密度就越大，会增加千倍万倍，最多甚至能达到几十万倍。我们附近的星体和星体之间的距离有4~5光年，但中心位置的星体与星体之间的距离则差不多是1光年，有的甚至只有 0.1 光年。因此，可以说银河系中心四周都是星体，它们呈现出蓝色和红色的光芒，分外耀眼。至于这一区域的星体附近是否存在稳定的行星，如今人们还处于推测阶段，但假设这附近真的有一颗行星且上面住着生物的话，那他们能看到的夜空之绚烂与美丽，恐怕是我们无法想象的。

[上]通过可视光线看到的银河 CC4.0 BY ESO/S.Brunier
[下]通过红外线看到的银河 NASA's Spitzer Space Telescope

接下来，我们再接近中心一些。这里将是

超强度的 X 射线交织的死亡世界。2009 年，德国马克斯–普朗克研究所（Max-Planck）的天文学家为了搞清楚银河系中心到底有什么，曾尝试探索它的真面目。

即便用红外线望远镜观察，除了一片黑暗，根本看不到任何其他东西。而马克斯–普朗克研究所的天文学家在黑洞中心周围，发现了 14 个高速旋转的星体，他们花了 10 年的时间观测、记录它们的轨道数据。这些星体全都在"人马座 A*"（Sagittarius A*，简写为 Sgr A*）——这个位于银河系正中央的黑洞中心点的周围，以异常的高速运行，这也就意味着中心点 Sgr A* 具有超大的质量。经计算显示，其质量为太阳的 400 万倍！

也就是说，在银河系中心有一个体积极小的怪物坐镇，它的质量是 2000 倍的 2000 倍，这简直超乎人类想象。一般来说，黑洞是巨大的星体在燃烧殆尽后因重力"自我毁灭"形成的星体遗骸的一种。然而，能容纳数百万个星体的巨大黑洞又是如何形成的呢？这至今仍是一个超越人类智慧的未解之谜。

所有星体都围绕在银河系中心超大质量的黑洞四周运行，就连我们所在的太阳系绕着它旋转一圈也要约2亿年。也就是说黑暗栖息在存在的中心。

并且，这个黑洞并非"虚而不实"。黑洞会被一种名叫"吸积盘"的气体盘包围，这是一种在巨大的引力吸收周围物质时形成的结构。圆盘内各种物质之间会摩擦、接触和碰撞，因此这里是一个极高能量的高温世界。所有的物质都失去了其接近一半的质量，并转换为强烈的X射线能量被释放出来。换句话说，黑洞就好比一台巨大的重力能量转换机，是宇宙最强能量的输出装置。与之相比，我们所创造的核武器等物体却只能将质量的约千分之一转换成能量，在黑洞面前可以说是等同于儿戏。吸积盘为银河的内外提供能量，不断诞生星体和光。

整个宇宙中有无数个与我们的银河系类似的星系。虽然银河系中心的巨大黑洞释放出来的能量本身十分大，但放眼整个宇宙来看其实算不上什么。很多系外星系还拥有能够释放出能量量级更为巨大的"活动星系核"。在现在的普遍理解中，几乎所有星系的活动期与休眠期都是交替发生的。星系中心的黑洞周围聚集了许多物质，这些物质一旦被吞噬，星系核便进入活动期。而当周围所有物质被吞噬完毕，在这些被吞噬的物质互相接近前都是休眠期。

由此来看，似乎现在的银河只不过是恰好处于休眠期而已。下一次活动期何时开始，据说现阶段人类仍无法预测。

不过总归有一天，银河系中心会突然发出万丈光芒，极强的宇宙射线落在地球上，我们都将面临灭亡。而这究竟会发生在1亿年后，还是100年后，抑或是明天——关于我们自身所处的宇宙的命运，我们却不得而知。

*

我还沉浸在无尽的思考之中，饭田博士的演讲就结束了。不知从何处吹来的微风让整个报告厅弥漫着柑橘的花香。土佐（高知县旧称）初夏的傍晚，夜色渐浓，在提问的学生的簇拥下，博士离开了报告厅，身影逐渐远去。

刚才的妄念再次涌现。

巨大的黑洞究竟是什么？是由无数的小黑洞不断撞击后合体而成的吗？还是我们尚不知道的某个惊人的超级天体的遗骸？

银河中心的黑洞既是能够吞噬所有物质的一片漆黑的沉默，同时也是让世界充满光和力量的源泉。或许古代的智者早就先于我们，发现了世界中心有一个巨大的黑洞。那个一手掌管毁灭、一手掌管生命的造物主湿婆，或许就是古代印度的哲人从宗教的观点中预感到的巨大黑洞的隐喻。

报告厅逐渐变得昏暗，当我回过神来想出去时却发现门被锁上了。

我拿出手机本想联系保卫室，却发现手机没电了……

第一拉格朗日酒店

大约30年前，在弟弟婚礼的助兴节目上，不知道是哪位宾客将"月球因吉拉米谷授权书"当作礼物郑重地送给了新婚夫妇。我让弟弟给我看过那个绑着红色带子的授权书，似乎是由"月球大使馆"（Lunar Embassy）公司从联合国购买了月球所有权并发行的。这个公司的创立人是一位美国商人丹尼斯·霍普（Dennis Hopper）。

1980年，失业的丹尼斯·霍普从车窗里看到了月亮那带有一丝哀伤的独特之美后，萌生了拥有月球不动产所有权的想法。联合国于1967年制定的《外层空间条约》虽然禁止主权国家拥有月球或使用月球上的资源，但对于个人及公司却并未限制。而丹尼斯·霍普正是利用这个漏洞，向联合国递交了申请文件，于当年获得了所有权（他个人认为）。

美国政府在十多年前放弃了探索月球的"星座计划"，提出了将开发月球的宇宙空间民营化的方针。自此，原本月球表面各个区域的所有权、开发权这种曾经荒诞无稽的说法，开始带上了一丝现实的味道。

据悉，通过将月球划分成多个大农场面积的区域，并售卖月球地产，丹尼斯·霍普名义上的资产已达13亿日元。

但在月球的土地实施所有权之前，还有一

个更现实的问题是"第一拉格朗日点"的所有权乃至占有使用权的问题。

第一拉格朗日点指的是在地球和月球之间的直线距离上，朝着月球方向前进，行进到总距离的85%处的点。在这里，地球的引力和月球的引力相互平衡，处于一个安定的状态。换言之，这里可以视作往返地球—月球时一个天然的中场休息点。倘若在这个颇具战略意义的地方最先建造永久性空间站，将会给今后的月球开发带来极大的便利和优势。

因为地球和月球的引力相互制衡，所以在力学上相对稳定的拉格朗日点共有5个。其中"第一拉格朗日点"和"第二拉格朗日点"都在从地球出发到月球的直线上。2019年，中国发射的探测器登陆月球背面，并在围绕从地球看去处于月球背面第二拉格朗日点L2点的Halo轨道上放置了人工卫星，用于地月中继通信。

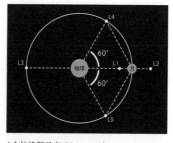

5个拉格朗日点（L1 ~ L5）

宇宙飞行需要的费用大部分都花在发射火箭上，而现在的价格领导者是埃隆·马斯克（Elon Musk）经营的SpaceX公司，发射一次火箭需要68亿日元。虽然在宇宙行业企业家的竞争下，10年后这个价格或许会降至20亿日元左右，但这也不过是财经杂志上的预测罢了。

2015年，美国议会通过了允许民间开发宇宙的《美国商业太空发射竞争法》，IT龙头、不动产龙头、网络书店龙头等诸多亿万身家的企业经营者立刻被吸引，相继投资该项事业。从这些企业家的勃勃野心来看，财经杂志上的乐

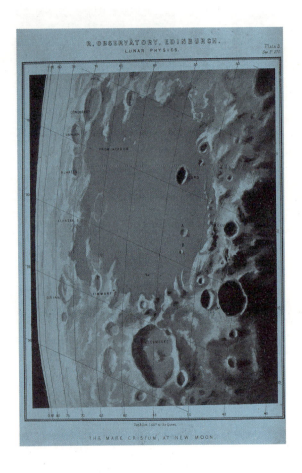

R. OBSERVATORY, EDINBURGH.
LUNAR PHYSICS.

Plate 3.
See F 270

THE MARE CRISIUM, AT NEW MOON.

观预测也并非毫无道理。

若按照预测，差不多40年后，发射一次火箭将只花费不到1亿日元，届时，宇宙旅行应该也将真正实现大众化。那时，像我弟弟夫妻俩那样拥有月球土地授权书的"地主"可能就真的站上自己拥有的月球土地了。

届时，经营地球—月球定期航班的天然中转站"第一拉格朗日酒店"的老板，应该会和字面意思一样拥有天文数字般的财富吧。说不定，经营宇宙不动产的风投公司还能在纳斯达克上市呢。

但我们真的可以对毫无秩序的宇宙资源开发熟视无睹吗？国际法与国内法律之间的分歧该如何处理？即便不把仅靠公开宣布便能获得月球所有权的霍普算在内，那也要考虑几个问题——月球究竟属于谁呢？是先到先得，还是像哥伦布那样只要宣布"我以神之名，这片未知的土地属于我的王国"便有效了呢？到底谁能够调解这种互相矛盾的主张呢？

目前，在世界上的法律学家之间，试图完善宇宙法规、使其更公平的时机终于到来了。不过要想制定一个可以平衡个人自由和全体人类的公平的有效法律，恐怕还要经历一个争论不休、漫长且艰难的过程。

在这期间，月球开发以及赴月航线的开发应该会一点点推进。

不管怎样，现在地球上的各个角落已经被人类研究透彻，也已经被先到者占据。因此，对于现今世界上艰难求生存的年轻人来说，或许天空才是他们唯一可能的新开拓之地。

在我所居住的高知县，2020年也有许多蹭着主流媒体带动的"幕府末期热潮""坂本龙马热潮"如火如荼举行的活动。在我看来，如果坂本龙马穿越到现代，可能对这些活动不屑一顾，还会将生物学风投、环保风投、AI风投这些当今风风火火的投资业务全部砍掉。我猜他应该会从目前的领头羊（如美国的马斯克和毕格罗、俄罗斯和中国的企业家）手里夺回第一拉格朗日点的主导权，并立刻投身到宇宙开发风投项目之中。

NORTH AMERICAN HOTEL
NEW YORK.

****

THIS NEW AND SPLENDID ESTABLISHMENT, SITUATED IN THE MOST
PLEASANT AND CENTRAL PART OF THE CITY, IN THE

BOWERY, CORNER OF BAYARD-STREET,

*Near the Bowery Theatre, where the Bowery and Wall-street
Stages pass hourly,*

Offers to gentlemen from the South, and strangers generally, every inducement, as it contains a
number of Parlours with Bed-rooms adjoining; single Bed-rooms, &c. The Table will be con-
stantly furnished with every luxury of a plentiful New-York market, and the Bar with a choice
variety of Wines, and other Liquors, not surpassed by any establishment in the city.

The Proprietor pledges himself to use every exertion to render his House pleasant and agreea-
ble to all those whose pleasure it may be to favor him with their patronage.

PETER B. WALKER.

APRIL, 1832.

W. Applegate, Printer, 257 Hudson-street, one door above Charlton, New-York.

原子篇

手掌上消失的北斗之印。

……但内部之花却必须要盛开。

背后的沙漏在洒落。

——吉田一穂《白鸟》

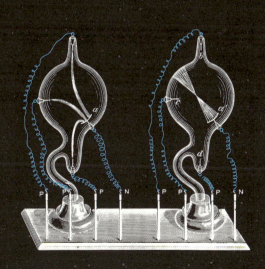

探索真空

　　形容存在感较低的人或事物时，有时会说"像空气"，但同时这句话也可以形容虽然存在感很低但的确存在的我们再熟悉不过的东西。连空气都没有的"真空"状态会让人感到恐惧。在近代以前的科学中，人们之所以曾一度否认真空的存在，也是因为自然界本身就畏惧真空。

　　意大利物理学家埃万杰利斯塔·托里拆利（Evangelista Torricelli）向人类证明了真空的真实存在。事情发生在1643年，给他带来启发的是抽水机。当时，意大利所有地区都是用抽水机抽取地下水。该做法是将水管放入井水中，抬起活塞，这样的话，人们不用多大力气便能将地下水抽上来，导流到地面的水龙头那里。然而，一旦井深超过10米，地下水就无法从水龙头里流出来。这一普遍存在的现象与水井的形状和地理位置都无关，那时的人们并不明白为何会这样。

受佛罗伦萨大公的委托，调查这个问题的伽利略从别的现象中发现了空气也有重量。在美第奇宫殿的庭院里，伽利略用抽水机开展了一场实验。他正确地推测出抽水机中的水面之所以能够上升到10米，是因为上升的那部分水的重量与抽水机外的水面所承受的空气重量相等。不过，对于水位超过10米后再抬起活塞会发生什么现象，伽利略并没有说明。

但伽利略的学生托里拆利思考了这个问题。托里拆利认为,如果抽水机外面空气的重量给水面的压力,与10米高水柱的重量带给水柱底面的压力相等,那自然无论再怎么抬高活塞,抽水机内的水面位置也不会发生改变。抬高到10米以上的活塞和停留在10米高的水面之间的空间,由于原本就是在没有空隙的状态下产生的,因此能够推导出这个空间内什么都没有的结论。

如果能够做出一个十多米长的透明玻璃制抽水机的话,按理说人们就能用肉眼直观地看到停在10米高的水面与抬起的活塞之间的真空了!

但如何才能制作一个高10米的玻璃管子呢?苦恼不已的托里拆利灵光乍现,他意识到,只要用比水重得多的液体来做试验不就可以了吗?不论是当时那个年代还是现在,人们所知的最重的液体都是水银。在同样的容积下，水银的重量是水的13倍之多。只要用抽水机把水银抽上来，那么抽水机中76厘米左右高度的水银应该就能和外面水银表面所承受的外界空气的重量相等。而一旦超过这个数值，应该就能看到真空了。

托里拆利还立刻意识到，其实也不用准备76厘米长的抽水机，只要在1米长的玻璃管里装满水银，然后将其倒插进装满水银的槽里就

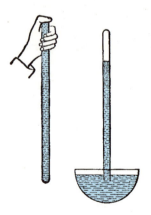

可以了。当把玻璃管倒过来时，水银柱的高度将变成76厘米，而水银柱表面到玻璃管底部的那部分空间便出现了真空。

接下来的故事被

载入了史册。托里拆利成了人类史上第一个目睹真空的人。

　　发现真空的新闻立刻传遍了整个欧洲的科学界。1647年，法国数学家布莱兹·帕斯卡（Blaise Pascal）分别在他居住的克莱蒙费朗市的广场和附近海拔1400米左右的多姆山山顶进行了水银柱实验。而在高处的实验显示，水银柱表面的高度更低一些。由此，他便确立了气压的概念。离地面越远、越往高处爬，气压越低。并且当高度达到一定数值后气压会降为零，如果在气压为零的环境下做水银柱实验，恐怕将玻璃管倒过来以后，玻璃管内的水银面将会与玻璃管外的水银面一样高了吧。之所以这么说，是因为如果离开地表去到那么高的地方，那里其实已经没有空气了。

当达到一定的海拔高度时就没有空气了。不对，这句话表达得不够准确。在充满冷酷真空的广袤无垠的宇宙中，地球就好像一个裹着薄薄空气的芥子粒一般孤零零地漂浮着。"自然界讨厌真空"这个论断只不过是一个带有主观意愿的推测罢了。超越了人类伦理与理论的"空虚"才是宇宙真正的样貌。神秘的思想家帕斯卡凭直觉感受到的这番景象，我们可以从他在《思想录》中留下的这句话中清楚地体会到。

Le silence éternel de ces espaces infinis m'effraie.

无限空间的永恒沉默使我恐惧。

真空的发现宣告了近代科学黎明的到来，而在这之中，帕斯卡却早已预感到了"实际存在的不安"，可以说是未卜先知。300年后，理

LE PUY-DE-DOME
Le Temple de Mercure et l'Observatoire

性主义与科学取得的胜利结果就是，在进入核世纪后，全人类都要直面这种不安了。

真空的发现对之后近代科学的发展起到了决定性作用。托里拆利之后200年，海因里希·盖斯勒（Heinrich Geissler）发明了吸力更强的空气泵（"盖斯勒管"），成功制造了纯度更高的真空。数学家尤利乌斯·普吕克用盖斯勒管做了一系列真空放电实验。自此，阴极射线管登上历史舞台，盖斯勒与普吕克一起目睹了真空放电时绚丽夺目的新型光线。随着时间的推移，取代煤气灯的电灯时代终于到来。

阴极射线管的实验终于证明了电子的存在，并为那时人们未知的光线——能够穿透物体的X射线的发现奠定了基础。真空可以说是一把为人类打开原子、核、放射线能量世界大门的钥匙。

贝可勒尔博士
遥远的记忆

（虽然是一件悲伤的事）人人都知道放射性物质的放射活度通用计量单位是"贝可"。这个单位的名字来自19世纪的法国物理学家贝可勒尔（Becquerel）——第一个发现放射性的人。

1895年，欧洲正因为发现了能够穿透人体的神奇光线——X射线而沸腾。X射线也被称作伦琴射线，它是一种在之前科学中完全预料不到的、令人毛骨悚然的新现象。而X射线也在一夜之间颠覆了当时物理学界的学术氛围，当时普遍认为"世界上所有的事物都已经从原理上被解释清楚了"。于是，很多人开始怀疑是否还存在其他未被发现的、具有强大力量的光。

当时在法国自然博物馆担任首席研究员的贝可勒尔仔细阅读了伦琴射线的论文并展开了思考：如果肉眼看不到的X射线能够让涂有荧光物质的纸发光，那么将光照向荧光物质是不是就能验证出X射线了呢？又或者没准能找到X射线以外的、仍未知的光。

于是，贝可勒尔开始将手边各种各样的物质放到太阳底下晒日光，调查哪种物质能够在照射下发出荧光。很快他就注意到了铀盐经日光照射后能发出磷光。这种铀盐是一种在制作波希米亚玻璃时使用的美丽的绿色颜料，仅产自苏台德山脉卡尔斯巴德温泉城市附近的约阿希姆斯塔尔地区的银矿，产量十分稀少。

就连贝可勒尔本人都说不清道不明自己为什么会产生奇妙的预感。但在这种预感的推动下，贝可勒尔将日光照射过的铀盐用厚厚的黑纸包裹，夹着十字架放到了照相底版上。

放置数天后，贝可勒尔将底片冲洗出来，结果正如所料，他得到了一张感光的全白照片，上面只显现出了十字架的黑影。也就是说，被日光照射过的铀盐不仅会发出磷光，还会放射出人类肉眼看不到却能够穿透黑纸的光。

这个光就是X射线吗？在随后不断的实验中，贝可勒尔发现这种未知的放射线能够使周围的气体发生剧烈的电离。贝可勒尔这时发现的光似乎比伦琴发现的X射线的能量要强得多。与其说这个光能够透过物质，倒不如说它能够打入并穿透看不到的物质。

这个过程中最后的幸运伴随着阴天多云的

1. Foglio di Vite. 2. Foglio di Spina bianca. 3. a. Lactuga

到来。1896年2月，巴黎被乌云笼罩，久久看不到太阳，实验因此被迫中断，贝可勒尔将黑纸包裹着的铀盐放到了实验室的架子上。等终于放晴之后，为了继续实验而检查实验材料的贝可勒尔却大吃一惊。他惊讶地发现随手放在包裹着铀盐的黑纸下面的那块底版已经感光了，十字架的黑影清晰地映在上面。这意味着铀盐即便不被照射日光，本身也能够释放出放射线。

这是人类历史上第一次认识到放射线的瞬间。

贝可勒尔感觉到遥远的记忆深处似乎有什么东西在隐隐刺痛着自己。

当他躺到床上时，仿佛被解开了封印一般，少年时代的记忆清晰地回荡在眼前。那是他的父亲埃德蒙在和家人共进晚餐时曾说过多次的不可思议的事情。当时在巴黎家喻户晓的尼埃普斯·德·圣–维克多照相馆，他曾很偶然地将用铀盐作画的画布和氯化银材料的感光纸平行吊挂在一起，二者之间只稍微隔开了一点距离。随后人们发现，画布上的图案竟然原封不动地印在了感光纸上。

事后想来，其实那时放射能已经悄悄地出现在了人类面前。也就是说，被作为颜料使用的铀盐放射出来的放射线照在了平行悬挂的感光纸上，照着画作在感光纸上又"临摹"出了一幅画。

贝可勒尔的父亲埃德蒙当时是法国自然博物馆的首席研究员，父亲去

С.-ПЕТЕРБУРГЪ.
Изданіе редакціи журнала «Знаніе».
1875.

世后，贝可勒尔继承了父亲的职位。顺便一提，在贝可勒尔的学术论文中，没有一个地方提及过照相馆的影印画这件事。

贝可勒尔发现天然放射线的消息，瞬间传遍了整个欧洲。在同一时间的巴黎，居里夫妇通过研究各种各样的矿物质，证明了除铀以外，还有镭、钋等放射性元素的存在。接下来不断有新的研究结果得出：铀这种放射线的本体是被超高速释放出来的氦原子核，而这也是铀裂变成其他元素时的放射物。在即将迈入新世纪时，核裂变和高能放射线的原子核世界将它们令人生畏的样子展现在了人类面前。

在发现铀放射能之后的第12年，贝可勒尔因白血病逝世，享年56岁。他在世时究竟受到了几百万贝可的辐射，后世的我们也无从知晓了。

齐拉特博士与
死亡的连锁分裂

　　无论多么宽阔的大河，都能够溯源到它的一条支流。

　　这一切的开端是由捷克约阿希姆斯塔尔地区银矿生产的、波希米亚玻璃上的绿颜料原料——铀。1896 年，贝可勒尔发现铀放射线可以比作大河的支流，随后对于放射能和原子核物理学的探索活动便开始在欧洲各地开花，绚烂美丽的绿玻璃深处的微观世界中似乎蕴含着魔力。随着相关研究的"河流"不断壮大，最终形成了利用铀元素开发核武器的这条"奔流"。然而当时谁都没预料到半个世纪后，广岛会因此变成人间炼狱。

正如从源流出发的弯弯曲曲的小河最终汇成一条大河一般，在1933年伦敦的街角，核能的封印被解除，历史的悲剧就此被书写下来。当时从匈牙利逃亡到英国的物理学家利奥·齐拉特（Leo Szilard）正在街角等红绿灯，核链式反应这时在他的脑海中产生。那时，各地科学家都在紧密展开通过撞击中子让原子核裂变的研究。如果在这个裂变过程中，中子能够分裂成复数，就能够引起其他原子核的裂变，而这又能释放出更多的中子，由此便能够持续引发核裂变的连锁反应，释放出庞大的能量。

大约10年后，齐拉特站在了芝加哥大学

足球场地下的一个秘密实验炉前，这里是由美国政府提供大量资金建造的。在这个地方，齐拉特和同样逃往至此的意大利物理学家恩里科·费米（Enrico Fermi）等人使用反复浓缩提纯后的铀燃料，按照前人的理论进行了一场核连锁反应，一起亲眼见证了第一次反应的成功。

当时的齐拉特内心十分焦急，因为历史的湍流已经逼近陡峭的溪谷，那时纳粹入侵了捷克。欧洲唯一的铀矿区已经落入了希特勒手中。

必须要赶在德国之前——这是齐拉特暗下的决心，同时他也"无视"了自己会成为造成大量杀戮的刽子手的良心谴责。于是，一

条通往核爆炸的直线道路被打通了。齐拉特写给总统的一封信被保留了下来，上面写道"应该尽量避免对城市进行无预警的核弹轰炸"。但这个请愿显然并没有被采纳。

齐拉特为什么能够构想出核武器的原理呢？因为当时，他有着"核武器的强大威力能够阻止战争"的强烈信念。据齐拉特回忆称，赫伯特·乔治·威尔斯的《解放全世界》（*The World Set Free*）对他来说起了决定性的影响。

作为科幻小说鼻祖之一的威尔斯，在1914年第一次世界大战前出版的这本小说中，曾写过有关通过加快铀的释放速度制作核武器的内容。这个能够连续爆炸好几天的核武器在小说中被写成手榴弹的形式，用在所有的战场之上。随着战争造成的破坏一发不可收拾，人类文明也面临毁灭的危机。而终于清醒过来的主要国家的领导人在经历了几番波折之后，也终于创建了一个超越各个国家限制的世界政府，人类最终迎来了和平。

威尔斯在文学上的想象力，不仅先于任何一个物理学家预言了核武器的使用，还为物理学家齐拉特发明核武器直接提供了灵感。

"生活对艺术的模仿远远超过艺术对生活的模仿"，这句话出自19世纪末唯美派和颓废派的艺术家奥斯卡·王尔德。但我们的现实世界往往却是在模仿艺术中崩坏的部分。这或许也反映了现代人类的道德成熟追不上理智成熟的结局，以及社会整体的理智远落后于科技发展的事实吧。

威尔斯小说中预言的核武器在差不多30年之后，以更为恐怖的、惨不忍睹的残酷形式出现。而小说结局中预言的那个符合情理、符合道德的世界政府与和平，在百年之后依然连影子都看不到。核武器不断发展，世界各国人民再一次被染上排外的色彩，现在就好像又回到了曾经各部族之间兵戎相见的启蒙运动前的中世纪。美国拥有数千枚核弹头，他们的总统曾在一切的源头——捷克的首都布拉格，发表过一场致力于寻求无核世界的演讲，使无数人动容，但那究竟是什么时候的事情来着？现如今想来，仿佛一场梦。

发现铀放射能这条支流已经流淌了超过100年，我们至今未能看到最终的结局。人类究竟是支配核能还是被核能支配？这条大河终将汇入怎样的汪洋，我们至今还未能看到端倪。

埃弗里特的
无限分裂宇宙

——献给逝去的罗伯特·刚索维斯

（Robert Gonsalves）

　　这个世界全都由原子构成，在原子的世界中有着与我们周围大不相同的物理法则——量子力学。即便是不怎么了解物理学的读者，应该也听过这个词吧。从我们身边的电子产品、LED灯、各种新材料到核能发电，全都是基于量子力学设计并投入使用的，因此量子力学的正确性毋庸置疑。

但仔细去看就会发现，量子力学中有许多跟我们的直觉相反的奇妙特征。其中最具代表性的便是因"薛定谔的猫"而广为人知的"叠加态"。遵循量子力学的粒子能够同时具有多个相反的性质，而观测的那个瞬间才能确定粒子处于哪个状态，也就是说结果究竟如何其实是存在概率的，再说得通俗些就是看运气。如果我们将猫放在一个含有放射性物质的盒子里，放射性元素衰变时释放的放射线究竟是在箱子中向右撞墙，还是向左杀死猫并不确定，因此猫就处于活着和死亡的叠加态。当某个人打开箱子确认时，猫的生死状态是随机确定的。

有数不清的实验可以证明原子、电子这些微观粒子实际处于叠加态，但这种叠加态确实与人类的直觉和主流理论相违背，的确无比奇妙。方向不确定的粒子在人类观测的瞬间会随机确定方向，这种原理听起来很荒谬，但世界是不是真的按照这个原理在运转呢？我们生活的世界是不是带着恶意的造物主弄出来的一个玩笑呢？

自量子力学建立、应用改变世界的20世纪20年代以来，对于量子力学中看起来颇为反常识的一面，量子力学的创始者之间也曾展开过激烈讨论。爱因斯坦认为，量子力学目前只是一个成功的假设理论，早晚会成为人类此前常识和伦理中没有的"微观世界的真正力学"。借用爱因斯坦的一句话来说，就是"上帝不会掷骰子"。对于这句话，玻尔回答道："别去指挥上帝应该怎么做！"玻尔认为，即便量子力学违背我们的常识和伦理，只要在原子世界能够完美地解释它的成立，我们就只能接受这个事实。

到了1957年，爱因斯坦依然没有找到他所追求的"真正的理论"。在量子力学的应用遍布全世界之时，普林斯顿大学的研究生休·埃弗里特（Hugh Everett）在美国物理学会的杂志上发表了一篇论文。这篇论文尝试在维持我们的基本理论与直觉的同时，重新解释了量子力学。

　　在同一个世界中某个现象和与之相悖的另一个现象不会同时发生——如果从这个最理所当然的假设出发，那么自然而然地就能想到两个相悖的现象会在两个不同的世界里发生。但同时蕴含两种可能性的状态则可以存在于同一个世界。在两种可能性叠加态下的世界，被观测的那一瞬间就会分裂成两个世界，我们会直接被扔到其中一个世界里去。而在另一个相似的世界中，还存在其他的我们，在那里会发生和我们相反的现象。为了让伦理学和量子力学同时成立，我们只能认为，每当人类观测时就会产生多个平行世界。这便是埃弗里特"量子力学的多世界理论"的核心观点。

叠加态的选项并不仅局限于两个，进行观测的观测者也并非只有一个人。这样一来，世界在运行过程中，会在无数个瞬间分裂出很多个平行世界。整个世界由数不清的平行世界组成，而这些平行世界则由所有的物质、所有的生命、所有的元素以所有可能的配置构成，并且这些平行世界还会随着时间的推进，进一步分裂和繁殖。

通过观测结果可以分裂出多个平行世界的观点，我们自然而然地就能理解量子力学中存在概率的原因了。某个现象发生的概率，其实只要考虑为这个现象在各个平行世界中发生的概率就可以了。在以往解释量子力学中避不开的"观测者"这一特别身份，在埃弗里特的新理论中并不需要。因为他的这一观点能够以包括观测者在内的全宇宙量子状态的不断发展，来客观地描述世界的运行。

为了避免叠加态的悖论，埃弗里特提出了这个无限分裂和繁殖的多世界，而在想象这个世界时，我们可以试着将其想象成不断分化、数量不断增加的小路。这些小路渐渐地填满了整个街区，最终还将覆盖整个城市、各个国家、所有大陆和海洋。最终，不断分化、增多的小路终将一体化，组成整个世界。

埃弗里特相信，这如诗一般令人炫目的多世界分裂的设想，能够成为量子力学方面第一个合乎逻辑的解释。然而论文发表后，他得到的却是无视与嘲笑。每当他在学会或研究会上做完相关报告，台下总是一片沉默，会后也没有人找他搭话或探讨。埃弗里特甚至感觉，自从论文公开发表后，连普林斯顿的同学都开始疏远他了。曾有一位哥本哈根的物理学家正好旁听了埃弗里特的演讲，他在日记中写道："演讲者（埃弗里特）简直愚蠢到难以形容，似乎他本人连量子力学最基础的东西都没有理解。"

内心深受伤害的埃弗里特随后放弃了曾立志要成为物理学家的想法，在取得物理学博士学位后，他很快就转行到国防事业之中。在新的事业中，埃弗里特充分发挥了他的数学天赋，不断在工作中积累经验，结婚生子后也在工作中任职重要的岗位，以此度过了他富足的一生。

埃弗里特的理论被众人所知晓已是他离开学界约10年后的事情了，美国理论物理学家布赖斯·德威特公开了一篇阐述"多世界理论"含义的论文。随后，量子力学多世界理论逐渐获得好

数理社会篇

坐在首府椅子上的权力。以放射路为中心的白色恐怖的政变（带着钢盔的士兵的脸、双重现象、骷髅上面的钢盔），这是支配与奴隶的样子。（中略）

十二名执政官聚在一起的劳动节、共餐的桌子上坐着的第十三个人是无王主义。

——吉田一穗《有地铁的城市》

概率与错误

概率，对于人类来说是一个非常基本的概念。人们满怀希望地来到概率的神殿，但只有极少数人才能对自己的选择有把握，绝大部分的人都是失落而归。世界上充满了不确定与不可预测的事情，因此对于人类的生存来说，在进化过程中掌握概率的概念自然是必不可缺的。

概率的核心概念是"随意"或者"随机"。也就是说，明天有可能是晴天，也有可能会下雨，我们无法精准地下定论。很多时候，对于随机发生的不确定事件，比起细致地考虑如何应对每一种可能性，随性自由地应对，结果往往反而更好。

举个例子，比如"石头剪刀布"这个游戏。据研究游戏理论的机构称，这个游戏的最佳策略便是将"石头""剪刀""布"均等地随机出出来。其实，即便不知道什么游戏理论，我相信大家也都凭借自己的经验总结出了这个策略。如果玩"石头剪刀布"时，一个人采用其他提前想好的策略出拳的话，很快就会被对方猜出出拳规律从而输掉。

多年前，中国的三名物理学家王志坚、许彬、周海军，分析了多数人玩"石头剪刀布"的大数据，开展了"石头剪刀布"模型的实证研究。研究结果显示，人无法完全随机地出拳，首先出"石头"的概率比出"剪刀"和"布"要多几个百分点。而在双方反复猜拳的过程中，人往往会多出之前获胜的手势，特别是当自己输掉的时候这个倾向会更明显。因此，只要知道这个出拳倾向，然后按照这个模式逆推，从统计学的角度来看就能够找到更容易获胜的出拳方式了。也就是说，最开始出"布"比较容易获胜，接下来为了赢"布"，对方会出"剪刀"，那么我们出"石头"就会容易取胜。因此，在游戏过程中，我们只要适当地随机出几次拳，然后按照这个逻辑一直玩下去就可以了。

在这里跟大家分享一个我的小秘密，事实上我本人也践行了这个研究结果，最近确实在"石头剪刀布"中赢的次数更多一些，大家也可以试试看。不过，这种基于统计学、理论分析得出的专攻人类行为模式的必胜法，如果被普及了会出现怎样的结果呢？恐怕接下来就要在看透这个必胜法的基础上再制定一个战胜必胜法的方法，那么最初的这个必胜法就不再好用了。大家可以想象一下，接下来事情的发展将变成：为赢过旧的必胜法，新的必胜法不断出现。最后的最后，恐怕大家就会意识到，这种费尽心机的"算计"到头来还是没用，最终还是选择随意地出拳。

这样想来，或许我们可以做一个并不一定准确的推测：也许人的随意正是为了应对这种不确定状况才产生的最佳应对策略。换句话说，正是世界上这些不确定的事情，才导致了人类随心所欲、肆意而为的行为的出现。

随心所欲、肆意而为是"人类的自由"这个概念中的一个根基。我们经常听到有人说遵循真理才是真正的自由，但这其实是一个似是而非的诡辩吧？无论是规则还是他人的权威，如果无条件地顺从，人就变成了奴隶。因此，

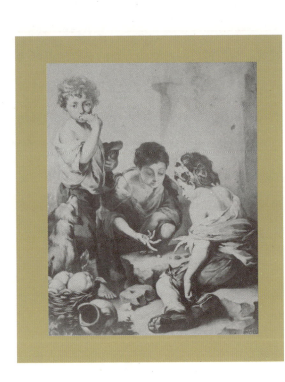

随心所欲、肆意而为也是自由的一部分。福泽谕吉将法语"liberté"翻译成"自由"之前，还曾有过另一个强有力的候选词语——"天下御免"[1]。由此可见，世界的不确定性绝对是导致人类的自由出现的一个契机。

概率的概念深深扎根于我们的内心，概率判断可以说是我们人类本能的一部分。当知道今天的降雨概率为80%时，我们不需要借助计算机也能判断出要带伞出门；当犹豫要不要跟性格强势的暗恋对象表白时，也没有人会找统计学家商量。在日常的这些场景中，我们每个人几乎都能够不犯错地瞬间做出决断。

但事实真是如此吗？

我们试着思考一个问题：假设在星期五晚

---

[1] 天下御免：指过去日本武士杀了有冒犯行为的平民百姓也不会被问罪，仿佛拥有"免死金牌"一般。因此，引申为"为所欲为"之意。

上的高知市，酒后驾车的概率是1‰，也就是说每一千个人中就有一个司机酒后驾车（以防万一再强调一下，数据只是假设）。而高知市警察的酒精测试仪的精确度为99%，也就是说出现错误的概率是1%。现在，巡警晚上在大街上随机拦停车辆查酒驾时，查到一个司机对酒精测试仪呼气后，测试仪哔哔地发出了警报。于是巡警将这名司机带到了警局。那么我的问题来了，这个司机真是酒驾的概率究竟是多少呢？

如果答案有（1）90%以上；（2）10%~90%；（3）10%以下；这三个选项，你会选哪个呢？

事实上，这个小测试的正确率远低于我的预想。我在教室里让学生们做这道题时，有近六成的学生选了（1），一成左右的学生选了（2），而剩下三成左右的学生选择了正确答案（3）。

　　咦？如果仪器的精确度达到了99%，那被查出酒驾的司机不是就应该有99%的可能性是正确的吗？

　　那么，我们现在假设1000个司机都接受了酒精测试仪的检测。从统计学角度来看，这1000人中只有一人是喝了酒的。那么这个司机吹酒精测试仪时，几乎可以确定测试仪一定会响起警报。而没有喝酒的999人吹酒精测试仪时，警报误响的可能性为999 × 1/100，也就是10个人左右。从整体来看，1000个人中会有11个人吹完测试仪后仪器响起警报，但其中真正喝酒的只有一个人。也就是说，酒精测试仪查出那个真正喝酒的人的概率为1/11，约等于9.1%，所以正确答案应该选（3）。

　　对于小概率发生的事情，如果不能用与之

相匹配的准确度去判断的话，就会出现错误，以一个假象告终，我们应该记住这个教训。上面那个假设的最终结果恐怕是这样的：由于太多司机投诉，高知市警察终止了酒驾检查，而酒驾的司机也不会被检举揭发，更加无所顾忌地在夜晚的街道上自由地穿梭往来。

回顾人类历史我们就会发现，因过激的反政府运动而大为恼火的政府，采用并不准确甚至粗暴的方式搜查嫌疑人，最终的结果就是监狱里关满了无辜的被捕者，而采取这种方式镇压的政府也更加得不到人心，这样的事情在历史长河中曾频繁地发生。因此对于社会正义来说，概率的正确使用也是一件极其重要的事情。

上面的例子也是在概率问题上人们很容易出错的一个地方，在专业术语中被称作"基率谬误"。人似乎确实有这种习惯：当必须要组合两个概率才能去判断另一个正确的概率时，往往会因为中间过程的复杂而停止判断，并将接近已有概率的某个数值视为正确答案。即便是在停止判断的状况下，人类一直以来都接受着"总之先行动起来比较好"这个附加条件，这恐怕就是人类心理进化发展的结果吧。

但在这种行为模式下，人类似乎又很容易在罕见的危险上加码，谨慎地做出判断。采取过度安全的策略规避风险，以求生存——这似乎也是人类心理进化适应的结果。

在双重概率上，人类的思考误区还有其他几种，世界上很多诈骗行为都利用了这些人类容易犯的错误。

世界上有三种谎言：谎言、该死的谎言、

统计数字。

——本杰明·迪斯雷利

概率是一个切实有用的概念，但同时也隐藏着人们意想不到的陷阱。

尽管如此，今天的我们依然要不停地在概率、风险、收益之间瞬间做出判断，并生存下去。星期五的傍晚天色已黑，你十分着急地想要回到自己温暖舒适的家中。傍晚的天空被染上了暗红色，海边公路上一辆车也没有。于是你将车速调到了限速的最高速，附近也看不到巡逻的警车，这时的你是自由的。接着，陶醉在海风中的你用力地踩下了油门。瞬间，后视镜中映照出鲜艳的红光。这到底是夕阳的反射还是巡逻警车的警报灯呢？

PageRank——
多数决与社会评价

　　人类是社会性动物，只要活在这个世界上就不得不在意自己在社会中的评价。一个集体中，个人发言的重量会因评价而定。即便不讨论"社会地位"这种范围很大的话题，在小团体内部，也是基于个人评价来决定每个人在团体内的定位的。因此，这个话题对于我们能不能每天开心地生活来说十分重要。

　　但是，社会评价究竟是怎么决定的呢？是根据这个人是否有能力、是否亲切热情、是否乐于助人吗？一个人的评价确实是基于这个人的某种美德，这是毋庸置疑的，但似乎也不完全由这些依据决定。比如，为什么她明明那么有能力人又很好，声望却一般？又如，明明那个人也没有什么出类拔萃的地方，他的意见却颇受重视……我相信大家都产生过类似的疑问。

将某个人的评价可视化的最快捷手段便是投票。具体的细节这里先不讨论，总之我们先设定为一人一票，然后统计"谁更优秀"的评价并打分，这似乎是最好的办法了。假设现在有一个由6个人组成的公司，每个人对其他人的正面评价都用箭头表示，就会出现这张图。

假设一人一票，那么分别推选了两个人的C、D、E三人的两个箭头就应该分别视为1/2的权重。此外，还会出现像F那样谁都没有选的人。如果将箭头按照分数权重计算为每个人

的"社会评价分数"的话，A 就是2.5分，B 是 1 分，C、D、E 则都是0

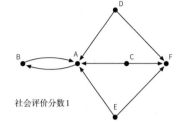

社会评价分数1

分，F 是1.5分。如果按照这个社会评价分数来给这几个人的声望排序的话，那么在这家小公司内部A的意见最为重要，其次是F。如果要选出这家公司的代表和副代表的话，分别选A和F应该是最民主，也是最好的结果。

但实际情况真是这样的吗？两名青年科学家拉里·佩奇（Larry Page）和谢尔盖·布林（Sergey Brin）曾对此提出了质疑，他们当时都是斯坦福大学的博士。他们展开的观察是：在实际社会中，社会评价高的人的意见在所有事情上都占有极高的话语权，那么在决定社会评价本身这件事上是否亦如此呢?

我们再用刚才那张图思考一下。刚才通过设定每个人都拥有相同的打分分值,我们计算出来了每个人的社会评价分数,那么接下来我们将以这个社会评价分数为标准,按照图中的箭头指向重新计算一次每个人的社会评价分数。这时,原本社会评价分数为2.5的A所指出的箭头就相当于2.5分,原本社会评价分数为1的B所指出的箭头就相当于1分,而原本社会评价分数为0的C、D、E指出的两条线均为0/2,也就是0分,这样再次计算后我们会得出新的社会评价分数:A为1分、B为2.5分,而C、D、E、F都是0分。

从实际社会中看,每个人的声望其实并非完全基于他人的评价。因为不论在社会面临危机应该团结作战时,还是双方势不两立、刀剑相对时，每个人都是平等的，都会成为一把独立的"剑"。那么，人的社会评价分数应该是取"每个人手里都有1分"和"按照第一次投票的得分重新调整每个人手中的分值"，这两者之间的某一个数值吧。假设我们将这两种情况按照1:4的比例混合，那么A的社会评价分数就会变为1分，B是2.2分，C、D、E则是0.2分，F也是0.2分。

大家稍做思考就会发现，这种算法其实也有漏洞。这个漏洞在于究竟有没有必要为了给（图中的）箭头增加权重从而使用这个新的社会评价分数。我们将新得到的箭头分数与原本每个人平等的分数混合在一起，就会得到一个新的社会评价分数。而这个分数又可以重新计算箭头的权重，然后一直这样反复计算，直到收敛。于是A、B、C、D、E、F的比例便

成了 8.3 : 7.6 : 1 : 1 : 1 : 2.2，这才是最终最合理的社会评价分数。四舍五入后，8 : 8 : 1 : 1 : 1 : 2 的这个比例与最初单纯依靠多数决获得的 5 : 2 : 0 : 0 : 0 : 3 相比，可以说是如实地反映了"通过好评博得更多好评"这个社会评价的累积效应。

虽然这个新的社会评价分数乍看之下很神奇，但仔细思考便会发现它展现了现实社会中发言权的权重。不知道各位读者朋友身边是否有像 B 这样的幕后掌权者（éminence grise），如果 B 和 A 联手组成实力强大的主流派，那么就能追上票数相对较多的 F 这种没有势力的反主流派的地位。特别是在资本主义社会，多数决与实际发言权之间往往氛围紧张，而这个社会评价分数很好地展现了这种关系。这种每个人都能隐约感受得到、却难以言喻的人与人之间的关系，似乎能够通过数学的语言成功展示出来。

　　事实上，拉里·佩奇和谢尔盖·布林设计出的这套计算方法并非为了人的社会评价，而是为了网页的评价，这张图中的箭头表示的是从一个网页跳转到另一个网页的意思。而将社会评价赋予合理的权重，通过上述计算方式评价网页的排行榜便被称为"PageRank"（网页排名）。二人写了一篇论文详细论述了这种算法，并取得了专利，随后利用这个专利制作了网页搜索引擎，也就是现在的谷歌。

　　谷歌搜索比此前基于多数决制作的各类搜索引擎

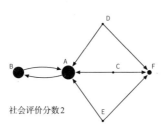

社会评价分数2

的性能都要优越，因此大获好评。再加上"通过好评博得更多好评"的累积效应，谷歌一夜之间便确立了网络上的霸主地位。全世界的网页搜索顺位都是按照这个PageRank决定的。现如今，可以说大家都非常依赖利用谷歌来搜索社会评价高的网页。但谷歌的一家独大之姿，或许早已开始撩拨人的恐惧之心了。仅靠一篇论文中写下的数学的力量，就征服了世界的拉里·佩奇和谢尔盖·布林，如今依然有如天文数字般的财富源源不断地流入二人的钱包。

人云亦云的社会学

　　法语中有这样一个说法，"Les Moutons de Panurge"（巴汝奇之羊），表示人云亦云之意。据说这句话来自聪明的捣乱鬼巴汝奇（小说《巨人传》的主人公）的故事。故事中，巴汝奇为了报复一个和他有争执的绵羊商人，从他那里买了一只领头羊，并把领头羊扔进了海里，接着商人所有的羊都跟着跳了进去，最终商人也蒙受了巨大的损失。

　　无论是谁，内心深处都有一些"随大溜"的想法。我们不是巴汝奇，却被精明商人利用了从众心理，成了每天都要"蒙受损失"的消费者。

　　针对做决定时往往依靠他人判断的倾向，以及这种倾向带来的社会性结果，著名数学家、物理学家、社会学家邓肯·J.瓦茨（Duncan J. Watts）曾写过一篇非常有名的研究论文，推荐大家去看看。这篇论文叫《人工文化市场中的不平等与不可预测性》，于2006年发表在美国《科学》杂志上。

邓肯·J.瓦茨博士的研究团队在网上创建了一个音乐下载网站。网站的访问者达到了近15 000人，而这些访问者便成了被实验的对象。所有这个网站的访问者进入网站后都会看到18组来自新人歌手或团体的48首歌的列表。这些歌曲均可试听，而当访问者给歌曲打出从1到5的分数后，便可以下载这首歌曲。

在他们自身都没意识到的情况下，访问者便被分成了9组。被分好组的每位访问者的屏幕上，会显示每组内的歌曲评价得分。也就是说，访问者可以一边参考之前其他访问者的评价，一边打下自己的评价分数。在这9组中，只有第一组较特殊，因为这组人看不到其他访问者的评价。也就是说，第一组的访问者仅通过自己的耳朵和喜好给歌曲打分。而剩下的8组都是从歌曲还没有被评价开始，随着访问者的不断增加，在参考他人意见的同时打下分数，不断为歌曲积累评价，可以说是8个平行世界。

Solom "Stjarna"	Miesiac "Gwiazda"	Maand "ster"
Heilalogregla "Kottur"	Apokalipsa piekla "Szpic"	Hond "kat"
Gdzie "Dziwny swiat"	Kwiat "Tulipany"	Meneselijke stoel "Lasica"

第一组看到的列表

Solom "Stjarna"	20	Miesiac "Gwiazda"	11	Maand "ster"	12
Heilalogregla "Kottur"	33	Apokalipsa piekla "Szpic"	7	Hond "kat"	17
Gdzie "Dziwny swiat"	14	Kwiat "Tulipany"	22	Meneselijke stoel "Lasica"	51

第二组~第九组看到的列表

一句话总结实验结果："人云亦云的从众心理可以导致随机诞生超人气歌曲。"

在每个人都是独立打分的第一组中，有人气的歌曲和无人气的歌曲以及评价位于中段的歌曲分布十分平均。与之相对，其他几个可以看到他人评价的小组中，会有几首评分非常高的人气歌曲，与其他歌曲比起来可谓压倒性地受欢迎。

这个实验分两次开展，在最初的实验中，网站访问者看到的是一张分成三行、随机展示的歌曲列表。而在第二次实验中，则是按照歌曲评分高低排成一竖列展示。通过观察结果可知，在第一次实验中，人气歌曲与无人气歌曲之间的两极分化，在第二次实验中就会变得更严重。

从数据角度来说，人气歌曲分布的基尼系数，在第一次实验中大约为0.4，而在第二次实验中则超过了0.5。

Slava zlozvyku "Hromadu jehel"	101
Casablanca "Kwiat"	88
Meneselijke stoel "Lasica"	51
Peklo "Schody do nieba"	48

第二次实验看到的列表

在两次实验中都不曾看过其他人评价的第一小组的观测结果则显示，人气歌曲的基尼系数约为 0.25。

顺便一提，可能很多读者朋友也知道，基尼系数是衡量不平等程度的统计方法，如果每首歌曲的投票数相同，则基尼系数为 0，如果所有的票都集中在一首歌上，基尼系数则为 1。

实验结果中有趣的是，除了所有小组中都存在相同的人气歌曲外，每个小组中也一定有一首这个小组内的超人气歌曲。而且出现了所有小组都不喜欢的歌曲。所有小组中都出现的人气歌曲和无人气歌曲，即便是在没有参考他人评分的第一组中，也会分别成为人气歌曲和无人气歌曲。这些歌曲恐怕可以被视为所有人都认可的优秀佳作与烂歌。而每个小组中特有的人气歌曲，恐怕正是由"因为它有人气所以它有人气"这种人云亦云的从众心理"打造"出来的，我们应该将其看作"并非基于内在价值的人气歌曲"。

也就是说，这类歌曲在最初积累分数时偶然获得了较高的评分，随后如滚雪球一般评分越来越高，最终成了（那个组内的）人气歌曲。音乐界有一个很头疼的烦恼，那就是音乐人想尽办法也预测不了接下来哪首歌能爆火，而从这个实验结果来看，似乎也就能理解其中原因了。

以音乐为首，艺术、演艺界，乃至舆论界、政界这些依靠人气投票定优劣的领域，很容易发展成一个"少数的天才"与"平庸的其他人"这种明确两极化的世界，而在这些领域中，人们的名声、收入、权威都是按照"人气"分配的。但从邓肯·J.瓦茨博士的研究团队所做的社会实验的结果来看，这种两极分化的差别，与其说是因为个人的才能与适应性，倒不如说是我们人云亦云的从众心理的社会性产物更合适。

所以，成功其实往往是"才能+运气"。

某天吃晚饭时，我跟家人聊起了这个话题。家人对此表示："科学家可真是有意思的人啊。这种事情不是谁都知道吗？什么《科学》《自然》这些杂志上的论文都是通过大型实验去验证生活常识的吗？"

我试图辩解："哎呀，或许是你说的这样吧。但是能够在人为控制下，科学、严谨地开展的实验与平时的闲聊还是不一样的。而且像这样可以通过基尼系数让结果变成一个具体数值的话，就可以直接应用到市场营销或者舆论引导上了，还是有很多实用价值的。"

而我的家人也正如我所预想的那样，直言

不讳地讽刺了我："我也不清楚这是数理社会学还是社会物理学什么的，总之如果做成了这么精确、这么科学的工具，最终用途就是用到以盈利为目的的企业营销上对吧？还有那个什么来着，美国总统大选的时候，叫剑桥还是什么的分析公司不是还操纵了舆论吗？看来物理学家和数学家堕落的方式还真是多种多样呢。"

听到家人这么说，我深知再说下去这顿饭就吃不愉快了，于是赶紧用上个周末去柏岛散心时在船上看到的清澈大海岔开了话题。

对于自己难以做出判断的事情，人类习惯先参考他人的判断再做决定，这种习性恐怕是在漫长的历史进程中，代代遗传下来的做法。很久以前，不论是对于捕猎动物还是果实丰富的树林，人类掌握的信息都很匮乏，所以从他人那里听来的消息就成了宝贵的判断依据。此外，作为一种能够快速统一集体意见的机制，人云亦云的从众心理也发挥了极大的作用。对被有竞争关系的敌对部落包围的原始部落社会来说，这是在组织防卫方面必不可缺的吧。

不仅是人类，从更广范围的动物界来看，很多时候也是依照多数的判断采取行动更有利于它们繁衍和生存。比如，蜜蜂通过跳"8"字舞通知其他蜜蜂采蜜的方向，瞬间就会有蜂群飞过去，蜜蜂的这个习性也很好地展示了动物界的从众心理。

在现如今无数人都可以通过网络交流的时代，人类都有的从众心理有时也会因为事态发酵，造成大大小小的麻烦，这些糟糕的状况其实每天都在上演。或许这就类似于已经适应了历史时期食物匮乏的人类身体，对丰衣足食的现代产生了不适，最终导致社会上的肥胖人群不断增多的现象。

纠正错误的前提是正确认知事情。数理社会学的方法如果真的有价值的话，那么除了成为私企追求利益的辅助手段之外，也会应用于其他方面吧。人们会轻易地被舆论操控"钓上钩"，就像巴汝奇之羊，一个接一个地跳进海里。

而这对于我们科学家来说，意味着从堕落的黑暗中爬上来的时刻到来了。到那时，我跟家人一起吃晚饭时重新提起这个话题，是不是就能和平地讨论了呢？

三个臭皮匠，
赛过诸葛亮

　　不论是谁都会犯错。但这个社会上有许多事情绝不允许犯错，甚至要求做到近乎完美。比如，路口的红灯发生故障变成了绿灯，即便只有百万分之一的可能性，这种情况也绝对不允许出现。再如，银行的出入金管理要精确到1日元，这些都是日常生活中时刻要求准确、不能出错的。以我的职业来说，诸如学生的考试成绩这样的事情也需要做到准确无误。

　　处理这些事情的常见做法是经多人之手来

完成，而非仅靠某个人单独完成。我们假设现在侦探事务所接到一个活儿，需要鉴定钞票的真伪。假设侦探、秘书和侦探的徒弟三个人都很擅长鉴定假钞，那么可以保证九成的正确率。如果三个人在不受他人干扰的情况下各自鉴定完毕，然后比照鉴定结果，如果出现不同的意见则按多数决的方式确定最终鉴定结果，事情会变成什么样呢？

三个人都做出正确判断的概率为0.9×0.9×0.9=0.729。而其中两个人正确、一个人出错的

情况下：首先，其中一人出错、其余二人正确的概率为 $0.1 \times 0.9 \times 0.9=0.081$。因此，就要分别考虑侦探、秘书、侦探徒弟出错的三种情况，这样概率就变成了 $3 \times 0.081=0.243$。也就是说，三个人鉴定假钞时，两个人及以上做出正确判断的概率为 $0.729+0.243=0.972$，即 97.2%。

因此，如果一个人判断的正确率为 90%，那么三个人一起判断最后采用多数决的方式判断最终结果的话，正确率将提高到 97% 以上。如果每个人的正确率能达到 95% 的话，那么以同样的方式计算三人采用多数决的方式判断的正确率将超过 99%。

古人云"三个臭皮匠，赛过诸葛亮"，应该也是意识到了这个事实吧。如果做判断的人数从三人增加到五人、七人，那么正确率也会相应地提升。

我们在网络上交换数据时，当相同的数据被多次发送时，一定会涉及采用了多数决的"错误检查与更正"。事实上，如果没有错误检查的话，通信中就会混入干扰，那么我们连网购都无法放心下单了。

那么，在这里我想给各位读者朋友出一道题目。我希望大家能够先靠直觉回答，然后善于计算概率的读者可以动笔算一算。

这里我们还采用上面的那个假设，侦探事务所接到了一份鉴定假钞的工作，事务所里的三人要通过多数决来决定鉴定结果，这些条件跟刚才都是一样的。不同之处在于：侦探和秘书鉴定假钞的正确率还是90%，但侦探徒弟的鉴定能力低一些，正确率为60%。这时，请大家想一想：是将这份工作单独交给正确率达90%的侦探或秘书，还是让三个人一起通过多数决的方式做判断更好呢?

　　在回答前，我先给大家一个提示。

　　我们先将上面这个正确率较低的侦探徒弟换成通过瞎按按钮做选择的猴子来思考一下这个问题。这就跟掷骰子作答是一个道理。猴子连钞票都不会看一眼，所以它的判断即便对了也是瞎猫碰上死耗子，所以正确率为50%。那么在正确率都是90%的侦探和秘书之外再加一个正确率为50%的猴子来进行多数决判断的话，做出正确判断的概率会高于侦探或秘书的单人判断吗?

　　如果侦探和秘书的判断不一致，那么就要靠猴子的选择来随机确定结果了，因为猴子不论选择真还是假，都将导致其中一方多一票，最终依靠多数决"胜出"。但仔细想来，其实猴子在这里什么作用都没起到。因为最终的鉴定

结果还是要看正确率为90%的侦探或秘书。也就是说，加入正确率为50%的猴子

后采用多数决的方式，与不加入猴子的正确率没有差别。

那么现在问题的答案就显而易见了。大家只要将提示中正确率为50%的猴子换成正确率为60%的侦探徒弟就可以了。这样一来，结果应该是有所改善的。也就是说，比起正确率为90%的侦探或秘书一个人判断，正确率为90%的二人加上正确率为60%的侦探徒弟，三个人一起通过多数决的方式做判断的话，正确率会更高。

当然，有些读者朋友可能想要知道具体数字，计算结果如下：三个人都做出正确判断

的概率为 0.9×0.9×0.6=0.486，两个人做出正确判断而其中一人出错的情况有三种，分别为 0.9×0.9×0.4=0.324，0.9×0.1×0.6=0.054，0.1×0.9×0.6=0.054，因此通过多数决的方式能做出正确判断的概率则为 0.486＋0.324＋（2×0.054）=0.918，即91.8%。

从结论来看，无论平时看起来多么不靠谱的家伙，只要他比随机扔骰子的正确率高，就应该让他加入团队一起工作。

之前，我曾在网上以随机的250人为对象，用这个谜题展开了调查。在注意事项中我也写明了"可以不计算，凭直觉回答"。调查结果显示两方的人数不相上下，选择正确回答"即便是正确率低一些的人也应该加入多数决"的人占51%，而认为"排除正确率低的人更有利于做出正确判断"的人数占49%。

仅从这个调查结果来看，似乎人们有些过度小瞧多数决了，而对于相对来说能力弱一些的人则持有非必要的严苛态度。这究竟是网络上暴露出来的人的特质，还是反映这个时代现代人的整体倾向，又或者是揭示了自古以来人类的天性呢，我也无法判断。

　　"三个臭皮匠，赛过诸葛亮。"

　　无论如何，我们都应该重新细细地回味一番这句至理名言。

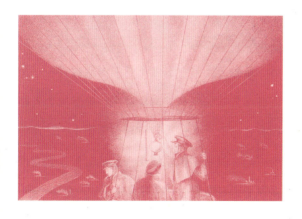

多数决中
不为人知的力量

多数意见究竟是怎么来的呢？对每个人来说这都是一件很值得关心的事。回顾日常生活中的身边事会发现，我们把大部分时间都花在如何统一职场或家庭中每个人的想法上了。

那么，社会中多数意见的形成过程中，是否有像数学法则那样的规律呢？虽然每个人都拥有自己的个人意志，有时也会做出无法预测的决断，但当多数汇集在一起的时候，就和许多原子正好汇集在一起成为水、盐、金属一样，是不是存在什么简单的成立法则呢？法国巴黎综合理工大学的理论物理学家塞尔日·加拉曼（Serge Galam）博士思考了这个问题，并提出了"舆论动力学"的概念。

舆论动力学的出发点是客观地观察我们身边的多数决选举。

一般来说，多数决在数学上的合理化都是基于上一章"三个臭皮匠，赛过诸葛亮"中提到的原理。只要召集到的人做出判断的准确率能高于50%，大家能够各自不受他人干扰地做出判断，这样的多数决随着人数的增加便能得到无限接近于100%的判断准确率。这个原理是18世纪由法国的孔多塞侯爵发现的，即便是现在，这个原理依然适用。

但是，选举的实际情况往往与预想背道而驰。有些议题被提出后，恐怕我们这些老百姓中的大部分人即便思考了该如何选择也无法做出很好的判断。再加上我们很容易受他人意见的影响，如果汇总了许多人的意见，反而容易变得无所适从。最终的结果就是有主见和对自己的想法有把握的少数人做出的判断瞬间传播开来，影响到多数人。

比起资本主义的传统理念，加拉曼博士曾试图通过将资本主义选举的实际情况构建成数学模型来理解多数决的原理。

在他的理论中，首先设定了许多持赞成与反对意见的人参与到多数决中，这时的参与者一定属于赞成或反对中的某一派。于是，这群人就可以分成始终坚持自己赞成或反对意见的"固定票类型"，以及总是参考他人意见导致在赞成和反对中来回横跳的"浮动票类型"。

其中，浮动票类型的人虽然在做出最终判

断前会多次改变自己的意见，但可以设想他们的意见之所以改变是因为参考了其他一些人的意见。先不讨论参与者已经有坚定的意见或者有明显利害关系的情况，我们在做出赞成或反对某事的判断时，虽然会参考报纸、电视或者网络的观点，甚至征求朋友、同事的意见，但其实一般来说也不会特别积极地做各种周密的调查。人们在网购时，即便会看下面其他买家的评论，通常也就是翻看两三条。于是，加拉曼博士大胆推测这个"参考了其他一些人的意见"其实可以视作"随机找到的包含自己在内的三个人所做出的多数决"，并会根据这个多数决的结果改变自己的意见。

这样一来，每个人的意见调整或改变便会陆陆续续地反复发生，并且会一直持续到整个集体赞成与否定的比例稳定下来为止。加拉曼博士将

这个过程用表示概率分布的时间发展的方程式展示了出来，并得出了好几个颇有意思的结论。

（1）根据加拉曼博士的结论，首先在没有固定票类型、仅有浮动票类型的集体中，随着意见的不断调整，赞成或反对中某一方最终会成为多数方，并且最终会出现全员赞成或全员反对的结果。这时最终的结果会倾向哪一边，取决于最初意见的分布，也就是说赞成派是否超过了50%。换句话说，浮动票类型的人在根据他人意见改变自己判断的过程中，会不断拉大赞成票与反对票之间的差距，导致最初的多数派胜利。

（2）仅混入少量固定票类型，对赞成与否定的分布也会造成很大的影响。比如说，当"总是投赞成票"的固定票类型占到5%的比例时，即便最初的反对票占70%，但随着随机分组导致的浮动票类型的意见调整，最终还是会发展成全员赞成派。

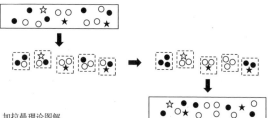

加拉曼理论图解

将持赞成与反对票的人区分成黑白两种颜色，并随机按照三人一组的方式分组，每个小组以多数决的方式重新改变颜色。但其中五角星所代表的固定票类型的人则不会因多数决而改变自己的决定，因此五角星的颜色始终不变。当颜色变换过一次后，小组解散。这个过程一直重复进行到黑白两种颜色的比例稳定下来。

（3）如果固定票类型的人占到了整体的17%以上，那他们就无敌了。换句话说，只要有17%绝对赞成派的固定票，那么即便剩下的人在最开始全都是反对的，随着时间的推移，他们也会全都转变为赞成派。

顺便一提，这个宛如有魔力的数字17%，其实就是0.17，准确来说是由这个算式得出的：$3-2\sqrt{2}=0.175$……这个数字本身是根据随机分配三人一组调整意见这个特定的假设条件计算出来的。如果将三个人变成五个人或者更多，那么17%也会发生改变，但本质上的结论是不变的。采用在与周围人交换意见的同时调整社会整体意见的这种多数决方式时，即便坚定不动摇的少数派占整体的不到两成，他们的意见也会优先于普通选民整体的意见。

无论是在能源产业还是医师协会、农业协会、烟草产业，坚持己见的少数派都能够拥有不可思议的强大影响力，这究竟是为什么呢？很多时候，多数决选举其实并不是能够冷静判断善恶得失的独立个人的集合，而是拥有强烈动机的集团之间对"普通选民"的争夺，那么究竟为何会出现这种情况呢？环视身边的事情，观察实际情况后，我们就会发现不论好坏，许多方面都符合加拉曼舆论动力学的描述。

我们假设在药品贩卖网站上有"奈诺"和"尼司匹林"（药名均为假设）这两种头疼药。奈诺中含有多种被证实在药学上有效的成分；而尼司匹林中则完全不含价格高昂的有效成分，更类似于一种安慰剂。但生产尼司匹林的公司有一个强大的IT宣传部门，在社交网站上积极推广尼司匹林的功效。并且在开始销售前，他们就已在销售网站上买好了水军，在推荐尼司匹林的同时还会写下很多贬低奈诺的评论。而生产奈诺的厂家则还是老一套的经营思路，认为只要东西好肯定不愁卖。

大家想想看，如果到网站上买药的人都是

没有医学知识的普通人，结果会如何？应该可以想象，几乎所有人都是翻看两三条药品下面的评论后就去买尼司匹林了吧。而其中有些人在服用完尼司匹林后会感觉确实药效不错（大概率是安慰剂起作用了），于是也在网上写下好评。最终，越来越多的后来者会看到尼司匹林的好评，也就使越来越多的人在买止头疼药时会选择尼司匹林。

那么我们再假设来这个网站上买药的全是医生、护士或者药剂师这些拥有医学知识的专业人士，结果又会如何？这些人估计根本就不会去阅读水军写的那些毫无意义的虚假好评，而是直接去比较两款药的成分表吧，最终他们应该都会选择购买奈诺。他们中有些人会积极地写下服用后的评价，于是奈诺会渐渐积累起"确实有效"这样中肯的好评。

现实生活中并不会出现这两种极端的情况，一般都是两个极端的中间，那么我们根据加拉曼的舆论动力学可以预测到以下结果：如果能够看懂药物成分表的医药专业人士在采购者中占据的比例不到17%，那么夸大宣传的尼司匹林会卖得更好，而如果专业人士的比例高于这个数字，奈诺将会卖得更好。事实上，有好几篇已发表的学术论文开展了类似上述的社会实验，也得到了类似上述我们预想的结果。

也就是说，在好评的世界中，一旦"良币"能够占到17%以上的比例，就可以驱逐"劣币"。

正如孔多塞侯爵所指出的，通过多数决做出的集体判断，如果能够召集到许多专业人士，便能充分发挥其正向作用。此外，如果在许多没有充分相关知识的人中混入少数贤者，依然能够通过多数决起到一定的作用。

伦理篇

潮水流动，小船摇摇晃晃扬帆出航。

朝着罗盘针指向的方向，前进。

身体靠在船舷上，

这是赌上死亡的否定与意志的『人类』的自由！

——吉田一穂 *Ave Maris Stella*

想不起来的梦的伦理学

当人从梦中醒来时，试图想起刚刚做的那个梦，但梦就仿佛从一端逐渐融化掉一般消失不见了。这种感觉大家都曾有过吧？英国诗人塞缪尔·泰勒·柯勒律治在睡梦中偶得奇迹般的长诗巨作，但睡醒后他却没能将长诗全部背写下来，于是只留下了部分内容，这保留下的片段便成了经典的《忽必烈汗》。

In Xanadu did Kubla Khan

A stately pleasure-dome decree:

Where Alph, the sacred river, ran

Through caverns measureless to man

Down to a sunless sea···

忽必烈汗下令在大都

造一座富丽堂皇的逍遥官：

那里有圣河阿尔夫

从深不可测的洞穴深处

流入不见天日的海中……

　　一般来说，人在起床后，有将近30秒的时间会记得自己做过的梦。这个结论出自京都大学脑神经科的学者神谷之康博士。这句话的意思应该是说，一场长时间的梦仿佛被压缩到一瞬间。

　　在脑电波解码的相关研究上颇具盛名的神

谷博士带领的研究团队，利用深度学习对脑电波进行了解析，并在电脑上成功重现出人在大脑内描绘的影像。实验对象会在可以监测体内血流活动的仪器fMRI中睡觉，醒来后需要立刻向研究团队报告自己做了什么梦。在处于睡眠状态时，实验对象的脑内活动将实时地经过信号处理被解析，研究人员从中推断他们在梦中看到了何种影像。

按照这个设定，神谷博士的团队开展了实验，当实验对象称他在梦中看到了"拿着一把刀的人鱼"时，团队成功地在他起床后大约30秒内从脑电波中抽取出了刀、女人和水的图像。由此可知，我们在梦中见到的这些影像从神经科学的角度来看都拥有实体，它们确实曾存在于我们的大脑之中。

但这里很有趣的一点是"醒来30秒内"之前的脑电波。进行深度学习的程序显示，在"醒来30秒内"之前，脑电波也能在大脑中产生各种各样的影像。但这时展现出的影像与实验对象起床后报告的梦中所出现的事情毫不相干。这究竟是怎么回事呢？

这便是人们想不起来的梦。

虽然人在睡醒前一直在做梦，但早于醒来前30秒左右做的梦却会被忘得一干二净——这便是这个实验结果最自然、最合理的解释。我们每一个人应该都有过那种模糊、不确定，隐约有印象但却想不起来具体做了什么梦的感觉吧。这种感觉就好像是忘却的梦境留下了一丝残香一般。那么究竟是什么填满了被忘却的梦境呢？究竟是随机的影像，还是我们意识的碎

片，抑或是我们埋藏在心底的渴望？

为什么无法被想起的梦会存在？这究竟能否称得上"存在"呢？对做了这个梦的本人来说宛如不存在的梦，却被其他人通过深度学习试图挖掘出来，这样做真的没问题吗？

随着信息技术不断渗透进我们的生活，每个人的内心都被无情地暴露在外，甚至在当事人都未曾发觉的时候便被收集到他人的电脑中成了一组一组的数据，这对于很多人来说都是深感恐惧的事情吧。如果再看到连自己都不知道或者忘记的事情被暴露在别人面前的话，除了惊讶得哑口无言以外，我们到底还能做什么呢？神谷之康博士指出，探索大脑内部的认知过程的这门科学，与"究竟何为认识？何为意识？"这种最根本的哲学问题直接相关。在取得加州理工学院计算与神经系统的学位前，神谷博士曾在东京大学驹场校区的科学哲学系学习，那时的他是一个师从著名学者广松涉的哲学青年。

世界各国的研究所都在以令人惊讶的迅猛速度开展着各式各样的研究，试图捕捉人类的脑内活动。曾经只在科幻小说中出现的那种将某个人大脑中的"影像""语言"甚至"概念""情感"等，不借由"发出声音""传递眼神"或者"敲击键盘"等身体做出的举动，直接传入另一个人的大脑的情节，现如今真的进入了人类的现实世界。

从大脑的信息传递来讲，人类的身体只不过是一个"瓶颈"而已。脑科学正在试图绕过这个"瓶颈"，不断探索让大脑与大脑、大脑与世界直接连接起来的方法。甚至连"没有身体的大脑"这种以前听起来十分荒诞的无稽之谈也有了成为现实的可能性。

但是，脱离了身体束缚的大脑又是什么样的呢？从身体操作的重负中解放出来的大脑又会开始怎样的思考呢？是不是终将会达到梦与想不起来的梦、意识与无意识统一在一起的更高级的意识呢？届时，通过脑科学获得更高级的意识的我们会不会很快就开始走上将自己的智慧改造成超级智慧这条更险峻的道路呢？

这究竟是新型的人类解放，还是脱离人性的、应该有所忌讳的、怪异的、应被封印起来的技术呢？这个答案我们现在不得而知。不过毫无疑问的是，脑神经科学确实已经踏入了伦理学的领域。

语言与看世界的方式

　　如果没有"苹果"这个词，我们能否联想到苹果呢？恐怕是不行的吧。这个散发着独特芳香的香甜水果，在被"苹果"这个词限定后，才能开始区别于橘子、柿子等其他水果，准确地存在于我们的认知中。但很奇妙的一点是，这个词并非最开始就在我们的大脑中，而是从外界"注入"大脑的一个随意的符号开始的。而这个词的文字以及它的发音与苹果这个存在本身相关联，其实只存在于人类社会性的规定之中。

为了更切实地感受这一点，大家其实只要坐飞机去旅行就可以了。当我们来到国外一条完全陌生的街道时，无论在店门口再怎么喊"苹果"，也绝对得不到自己想要的水果。

如果没有"语言"这个社会性的规定，人类就连对事物存在的认知都会变得很不稳定、难以统一。如果是这样的话，说外语的人是不是就跟我们看到的世界不一样了呢？在因纽特人的语言中，表达白色的词有几十种。在他们眼中，颜色单调的北极圈是不是多姿多彩的呢？

可能每个人都曾思考过语言与认知的问题，而第一个给出明确的科学解释的人是芝加哥大学的语言心理学家约翰·鲁西（John Lucy）博士。鲁西博士原本的专业是玛雅文，这个被神

古玛雅的神圣文字

圣的象形文字笼罩着的、神秘的古代都市，在墨西哥繁茂的丛林中留下了人类的语言。现代玛雅人继承了古代玛雅文明，至今仍有约700万讲玛雅语的人在尤卡坦半岛生活着。

在玛雅语中有"量词"的概念，在数数的时候会根据东西种类的不同在数字的后面添加相应的语句。用日语来解释的话，就相当于数动物一匹、两匹，或者电话一部、两部时使用的"匹"和"部"。不过，英语中倒是没有类似于"量词"的用法。

"蜡烛"用玛雅语来说是"kibu","一根蜡烛"的玛雅语就是"un tyuto kibu"。这里的"un"就是数字"1"的意思，而"tyuto"就相当于量词"根"。（玛雅语为音译）

有了量词，玛雅语中表达物品的名词才能从"形状"的束缚中解放出来。无论是固体时的棍状，还是熔化后的扁平状，玛雅语中的蜡烛都是"kibu"，而当使用量词"tyuto"时才明确是棍状的蜡烛。

与之相对，没有量词的英语很多时候都是表示物品名词本身就包含了其形状的信息。比如，在英语中一根蜡烛是"a candle"，而"candle"这个名词本身就包含棍状之意。

1992年，鲁西博士做了这样一个实验。他首先给被实验者看了一个能够放在手掌上的"用厚纸片做成的小箱子"。然后又分别给他们看了"用塑料做的小箱子"和"平铺的厚纸片",并要求被实验者从二者中选出和最初的"用厚纸片做成的小箱子"类似的一个。实验结果显示,被实验者中的美国人几乎都选择了塑料箱,绝大部分玛雅人则选择了平铺的厚纸片。

由此我们可以判断,英语母语的人在最初看到"用厚纸片做成的小箱子"时是通过形状进行判断的,因此将这个物品识别为"小箱子";而玛雅语母语者则是先通过材质判断,所以认为最初的东西是"厚纸片"。通过这个实验可知,英语名词包含形状的信息,玛雅语中的名词则不包含。这个实验也首次明确地证明了语言的结构会影响对物体的认知。

有意思的是,当邀请7岁以下的儿童来进行相同的实验时,无论是美国人还是玛雅人差别都不太大,孩子们都会优先判断形状,认为塑料箱子与厚纸片箱子更类似。这也完美地符合了7岁以下的玛雅儿童尚不能正确使用量词这个事实。

颇具盛名的"萨丕尔-沃尔夫假说"（又称"语言相对论"）指出，语言的构造会对人类的认知造成直接影响。而语言学界围绕这个观点曾展开了一场旷日持久的争论，相关的学术观点给20世纪初期的争论也带上了一丝政治色彩，曾经很长一段时间，这个问题都是各个学派之间分裂的一个原因。然而现如今，这类原理性的争论已经偃旗息鼓。目前，基于实证研究得出的"语言相对论"，即认知的基本结构是人类与生俱来且共通的，但不同语言造成的认知差异确实存在，这一观点已成为大部分语言学家的共识。随着脑科学以及深度学习等相关领域的发展，围绕语言与认知的研究现如今也步入了实用性阶段。

芬兰语使用者	瑞典语使用者
·乌拉尔语系	·印欧语系
·占人口的86%	·不足人口的6%

芬兰国内的芬兰语使用者与瑞典语使用者

*

　　在世纪更迭的2000年，位于赫尔辛基的芬兰职业健康研究所，对芬兰国内工伤事故中的芬兰语使用者与瑞典语使用者进行了比较。这次调查从世界知名的高科技企业诺基亚到家族经营的林业、水运行业，使用了总计5万份工伤事故的数据。通过数据比对，西莫·萨米宁（Simo Salminen）博士和安特罗·约翰森（Antero Johansson）博士发现，瑞典语使用者的

intelligantur; ecce tibi præsens diagramma, in quo sequentia comprehenduntur.

Oculus A sub radiis A B & A C, aspicit Venerem E C sphæricâ, quæ tamen perigæa cornuta est instar Lunæ, monstrante tubo.

Ille idem oculus cornu Lunæ D, pone domum ascendentis, sub radiis A E & A F conspectum, iudicat esse globosum, & vnum aliquem è planetis maioribus.

At verò falcem G H I nascentis Lunæ arbitratur vmbroso G K I eminentiorem.

Sic Lunæ defectæ partem tenebrosam L M N, separatim visam,

I   parte

事故发生率比芬兰语使用者要低四成左右，而这个结果与企业的规模和所处行业几乎无关。顺便一提，芬兰的劳动环境整体比较先进，芬兰语使用者的工伤事故本身就低于欧洲的平均值。

在芬兰国内，有不足6%的人口说瑞典语，属于少数派。他们一般都是从6个世纪以前就开始世世代代住在这里的居民。现如今，他们在文化、经济以及生活习惯上都已经与多数派的芬兰语使用者完全一致。因此，即便对于芬兰人本身来说，若不通过语言判断的话，也无法区分出不同语种的使用者。

通过诸多考察，排除了其他所有因素后，西莫·萨米宁博士和安特罗·约翰森博士最终得出了一个结论：二者之间事故率的不同只能归结于语言造成的认知差异。

芬兰语与欧洲其他语言完全不同，属于另一种语系，不同事件间的关联通过名词"格"的变化表示。当许多事件同时出现时，这些事件之间的时间顺序有趋于暧昧的倾向。与之相对，属于印欧语系的瑞典语即便是在轻松的日常对话中，也能够通过使用前置词和后置词，来明确事件之间的时间关系。在需要按顺序逐一完成有危险性的复杂操作时，与芬兰语使用者相比，瑞典语使用者更能明确每一步的时间顺序，正确构建心智模型，因此在劳动安全上也更具优势。

　　学习不同的语言，有助于掌握看世界的不同方式。义务教育下，所有的日本人都必须要学习与日语差距最大的语言之一——英语，但这绝非一件坏事。各位读者朋友在学校或者考试上，为学习英语付出了辛苦、懊恼甚至眼泪，即便最终我们没能熟练掌握英语，但这些也绝不是徒劳无功的。正如外国料理的传入使得我们的饮食文化更加丰富，外语也能使一个国家的语言文化收获更芬芳的果实。

通过学习语言获得新的认知能力，并不仅限于外语。即便是同一种语言，通过初等教育掌握的知识和能力，与高等教育所接触到的几乎是天壤之别，甚至可以说宛如不同语系之间的差别。高等教育的大部分好处恐怕都源于这一点，而并非获取各个学科的新知识。近来，语言心理学界的一个研究焦点是，不同社会阶层的语言差异与认知功能差异之间的关系。

语言与认知关系的研究还处于不断发展的阶段。包括语言在内，随着与人类活动相关的庞大电子信息的积累，相关研究今后也会越来越精确。而这些研究结果也会被应用在提高社

THE WATCHMAN.

THE TOWER.

NINE O'CLOCK BELL.

A FIRE.

WATCH-TOWER, CORNER OF SPRING AND VARICK STREETS, NEW YORK.—Drawn by Winslow Homer.—[See Page 181.]

会的安全性和便利性上，甚至有可能应用于智能犯罪预防或意识操控。

直接连接"存在"与"意识"的社会性媒介——语言，其中蕴含着的力量至今仍未被完全发掘。

但无论如何，今后我们一定能够目睹这种力量的更进一步开发。

电车难题的射程

吉良贵之的演讲以这句话开场：究竟有多少人听说过"电车难题"呢？

寒风凛冽的 12 月，某一天的傍晚，在刚装修好的高知市图书馆"Otepia"最顶层的天象仪会场，这场"高知科学对谈"的讲师是来自东京的年轻法理学家吉良贵之。

在开采矿石的矿地，有一辆刹车故障的电车正在急速开向前方轨道上的 5 名矿工。虽然可以转向开到另一条轨道上，但那条轨道上也有一名正在工作的矿工。这时正站在线路切换仪器旁边的你面临一个艰难的选择：究竟是什么都不做眼睁睁地看着那5名矿工被撞，还是选择拉起拉杆改变电车的轨道，撞到原本毫无关系的另一名矿工呢？

　　在场的听众对于该不该拉起拉杆这个问题，分成了6比4两派。随着加入大家讨论的吉良贵之提及"功利主义"和"康德主义"这些伦理学用语，在场听众的讨论进入白热化。正当大家因为意见无法统一而热烈讨论时，坐在会场最后面的一位绅士伸了伸腰站了起来，并用他男高音般的声音提问：

"站在那台线路切换仪器旁边的'你'究竟是什么人？他是站在什么立场的？"

他叫冈田健一郎，是从高知大学赶来听吉良贵之演讲的老朋友，同时也是一名宪法学家。这个问题的抛出，使得在场听众不由得拖着"嗯……"的声音进行思考，会场一瞬间陷入了沉默。

这个问题正合了吉良贵之的意，于是他开始继续说道，可以操纵轨道切换拉杆的"你"并不一定是人类。我们甚至可以设想是AI机器人在负责操作电车的轨道切换。那么，我们该如何给AI设定程序，告诉它遇到这种情况该做出怎样的判断呢？

这绝不是一道单纯假设出来的智力题。目前，自动驾驶的实际应用已走进现实，届时很有可能会遇到类似电车难题这样的特殊情况，那么面对这种两难的选择，自动驾驶的 AI 程序该如何编写，是事关汽车销售的一个很实际的问题。

假设现在我们面临的状况是：踩刹车已经来不及了，处于自动驾驶状态的汽车正前方有三个老人，而车身旁边则是禁止汽车通行的隔离墩。遇到这种情况时，该如何让 AI 进行选择呢？究竟是让汽车直接撞向老人，还是打满方向盘，带着司机撞向隔离墩呢？

可以预想到，实际上路后 AI 会遇到各种各样难以抉择的情况。如果走在车子前面的是小朋友该怎么办？此外，步行者究竟走的是人行横道，还是没有遵守交通规则走上了汽车道，这两种情况恐怕也会造成"究竟是撞向对方还是自己连车带人撞向隔离墩"的选择结果的不同吧。

这样看来，让自动驾驶的AI做出能让大部分人赞同的判断，其实是一道颇为棘手的难题。因此，在编写相关程序前，必须要先彻底地调查清楚，如果是我们人类遇到这种情况，究竟会做出怎样的伦理上的判断。

目前，这种调查其实已经出现了，而且是在整个地球范围内展开的大规模调查。

2018年秋，麻省理工学院媒体实验室的副教授伊亚德·拉赫万（Iyad Rahwan）带领团队在《自然》杂志上发表了一篇划时代的论文。他的团队利用网络，针对自动驾驶中40种不同情况的电车难题进行了提问，收集到了全世界范围内超过100万名参与者的回答。而这4000万份回答构成了一份数据真实、无水分的"伦理学大数据"！

每个人的数据都被分类整理成9个独立的伦理倾向，并用从中心点出发的9个箭头做成了图表来表示。这100万份图表基于复杂的物理学网络理论分析而制成。从结果来看，确实存在全人类共通的伦理上的选择，同时，非常有意思的是地球上不同地域的伦理倾向的差异也浮出了水面（请参考第164页图）。

首先我们来看看全人类共通的结果：大家倾向于挽救更多人的性命，而且比起老人更倾向于挽救年轻人的性命。从保证人类生存、延续的角度来看，这应该是几乎所有人都能够认同的伦理判断。

并且，通过分析网络簇可知，以每个人的伦理哲学倾向为基准，可以将全世界大致分成三大阵营。拉赫万博士将它们分别称作"西洋簇""东洋簇"和"南洋簇"。这三大阵营可以粗略地通过地理位置来划分，即欧洲和北美的国家组成"西洋簇"，远东、南亚和东南亚地区的国家组成"东洋簇"，南美各国组成"南洋簇"。

日本所属的东洋簇的特征为：并不重视挽救的人数，反而倾向于优先挽救采取合法行动的人。另外，属于这个阵营的人也表现出了尊重老人和男女平等的倾向。反过来说，在东洋簇中，相对重视遵守法律的人的生命，并且与其他簇相比较，对于年轻人和女性也更显冷漠。与日本倾向最为相近的并非紧挨着的韩国和中国，而是中国澳门和柬埔寨，这一点也很有意思。

墨西哥、阿根廷、智利、哥伦比亚、巴拉圭这些国家所属的南洋簇的特征是尊重社会地位高的人，并且尊重年轻人和女性。此外，与其他地区相比较，这些国家的人更加倾向于重视健康人的生命。另外，南洋簇对于人数以及那个人的行为是否合法并没有特别重视。

而至于英国、德国、意大利、俄罗斯、波兰等欧洲诸国与北美所属的西洋簇究竟重视什么，从结果来看这些国家的人都倾向于试图找到一个平衡点。必须对比的话，比起其他两个簇，西洋簇的人更倾向于"避免介入该事件"以及"尊重顺其自然的结果"。

当然，这里的东洋、西洋的说法本身也是一种人为的划分，不过在上面的分类中也出现了一些有意思的例外。比如，欧洲的艺术中心法国以及中欧的捷克和匈牙利，用上述这个伦理角度进行区分，它们其实属于南洋簇。而亚洲国家中越南、孟加拉国、斯里兰卡以及南美第一大国巴西则被划分进了西洋簇。而中东诸国从结果来看则非常神奇地各有所属，比如伊朗和沙特阿拉伯属于东洋簇，伊拉克和叙利亚属于西洋簇，而土耳其则属于南洋簇。

这些分类结果将来或许就能够被应用到AI自动驾驶的设计之中，也有助于各国开展利于减少交通事故的道路设计或者交通法规的制定。但恐怕更令人感慨的是，这个调查结果与各个国家相关的刻板印象竟然绝妙地对应上了。比如，这个国家究竟有多重视合法性、在男女平等问题上各文化圈的不同态度、对社会平等的重视程度，等等。这其中恐怕有很多都是在苦笑的同时不得不承认的地方吧。并且最让人吃惊的是，这个调查在完全没有人为擅自导入某种概念或分类的前提下，从数据中可以"自动地"将人类世界分成三大文化圈。

从伦理学的一个问题开始，我们逐渐摸索

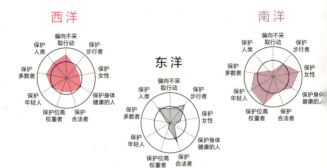

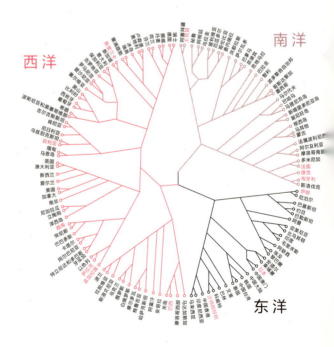

到的竟然是依托数据科学的文化论!

此前,人们在谈论"各国(地区)不同的文化风土"这类话题时总是采用比较类似的说法,现在也可以利用网络理论的定量分析来看待相关问题了。当我反复看着图表上的名称思考时,会场上的讨论已经比刚才推进了很远。

最后一个话题是围绕不需要刑法这个说法展开的。从实证角度来看,很多时候刑罚并不能抑制犯罪的发生。从理论上来说,只要能够设计出一个足够优秀的制度,通过民法来约束人们的行为,也能够维持一个犯罪率低的成熟社会,这是自认为是"自由论过激派"的法哲学家吉良贵之表达的观点。另外,宪法学家冈田健一郎则认为只有有机地运用民法与刑法才能保证社会制度的健全,他的立场更偏向传统的法学。

于是，在场听众提出了这样一个问题：

"从'电车难题'的数据中，能提炼出每个人诸如康德主义、功利主义等这样的哲学思想吗？"

法哲学家吉良贵之微笑着回答：

"您的这个问题非常好！我正打算用这个话题来结束今天的讨论。"

拉赫万博士的数据不仅仅是按照每个国家的特征进行分类，根据分析结果还能够运用于个人伦理的指向性定量的分类。这种基于大数据的分类，从每个人的职业选择到交友选择，应该适用于所有场景和需求吧。此外，这个结果对于企业的人才招聘和录用、人才管理、商品市场营销中的定位销售应该也是能起到极大帮助的。

但是，我们能等到这个未来的到来吗？这

个答案谁也不知道。或者这个问题应该换成这样来问比较好："究竟该如何做才能让今后的未来更令人期盼呢？"好也罢，坏也罢，数据科学深入日常生活的时代正是我们现在所处的21世纪啊。

生命篇

世界很美。因为具有韵律的生命的表现
正是因为有生活。似乎世界也在歌颂这件事。
即便远方的世界是为了我而悲伤的继母。

——吉田一穗《新约》

分子生物学家
遭遇遗传的真相

　　诺贝尔奖获得者、分子生物学家保罗·纳斯（Paul Nurse）博士到美国后的第三年发生了这样一件事情。

　　当时，他和妻子正坐在移民局的等待室里。那时的他正任罗切斯特大学的校长，事务繁忙。虽然身为英国人，但不知为何他的美国绿卡申请一直无法通过。美国移民局那边的说法是他的临时出生证明信息有问题，最终保罗不得不通过英国大使馆从本国申请了一份正式的出生证明文件。

在等待室等了一会儿，美国大使馆的一名工作人员出来将保罗夫妻俩请到了另一个房间。工作人员略显迟疑地翻着文件，并指了其中一处给保罗看。工作人员指的地方是家族关系这一栏中的母亲名字。令保罗本人也大吃一惊的是，这里写的并不是他母亲的名字，而是"米里亚姆"。而这个名字是比保罗大17岁的姐姐的。父亲那一栏被画掉了，所以空了下来，这意味着他的父亲身份不明。

看到这个名字的瞬间，保罗和妻子完全搞不懂发生了什么事情，呆若木鸡地站在那里。过了一会儿，妻子面带微笑、温柔地呼唤着保罗的名字，并握住了他的手。当保罗与妻子眼神相对时，他也渐渐明白过来这到底是怎么一回事。

他回想起来，自己曾经在姐姐去世前最后住的房间里看到过姐姐三个孩子的照片，旁边则摆放着自己年幼时期的照片，当时这件事曾让他有些疑惑。

从小保罗就感觉自己跟身边人有些不一样。他的母亲是咖啡馆的店员，父亲是服务生兼司机。他的三个姐姐在初中毕业后便全都出去工作了，并没有继续读书，只有他一个人在学校且成绩特别突出。在诺福克的乡下，他从小就以神童之名而家喻户晓，在获得了慈善家捐赠的奖学金后，他成了家族中第一个上大学的人。而他充满异域感的中间名"马克西姆"也让他在普通平民家庭环境中显得有些格格不入，因此在学校他经常成为被戏弄的对象。

他在英国伯明翰大学获得生物化学学士学位后成了一名生物学家，弄清楚了掌管细胞分

裂的遗传基因的构造，再后来保罗博士的成功故事大家就都知道了。在此，想必不用我赘述，细胞分裂正是我们人类维持个体、保证种族繁衍的基础。

随着不断回想起以前的事情，他隐隐意识到自己的姐姐米里亚姆可能不单单是自己的姐姐这个令人难以置信的事实。

他的相册中有姐姐婚礼时的照片。那时保罗还只是一个3岁的小孩子。照片中的他尿湿了裤子还推倒了结婚蛋糕，站在旁边大哭。而姐姐当时一只手搭在新婚丈夫身上，一只手紧紧地拉着保罗。

就好像打开了魔法盒的盖子一般，记忆不断涌现出来。在保罗的青年时代，每当他与姐姐在一起时总有一种不可思议的放松感。而姐姐看向自己时，不知为何脸上似乎总带着一丝忧愁。在他出席诺贝尔奖颁奖典礼时，父母和其他姐妹都是满脸的笑容，只有米里亚姆一个人用手帕遮住了眼睛。

就是这么一回事！"米里亚姆姐姐"其实是自己的母亲。之所以会发生这样的事情，恐怕是因为在他出生后，父母害怕姐姐未婚先孕的丑闻传出去，于是便将女儿的孩子当自己的孩子抚养了。

顺利完成在移民局的申请后，保罗夫妻俩回到了家中，从兴奋劲儿中缓过来的二人开始推测保罗那不知道名字的亲生父亲究竟是谁。其中一个极有可能的说法是，保罗的生父是米里亚姆当时狂热追求的一名歌手。但保罗博士本人更倾向于他的生父是米里亚姆出去工作后，在事务所遇到的俄罗斯亡命贵族这个说法。因为在他的少年时代，有一次家族聊天中提起过米里亚姆曾与这名俄罗斯绅士一度关系亲密的话题。

保罗博士为自己做了DNA鉴定。但与他的研究室每个月都能在著名学术杂志上发表学术成果不同的是，虽然他在报纸和广告等媒体上都刊登了寻父启事，但至今依然没有任何收获。

蚂蚁纯净的世界

　　人类是生物界之王。人类占地球上所有动物"生物量"的30%之多，可以说站在了脊椎动物食物链的顶端，因此人类的自以为是也并非毫无根据。如果观察人类的行为，会发现似乎并没有其他生物会发展农业、畜牧业，建立王国、共和国和大帝国了。

　　但事实真是如此吗？

　　放眼整个地球，令人出乎意料的是，其实还有一种生物也会发展农业、畜牧业，建立自己的王国、共和国以及大帝国。

这种生物便是蚂蚁。

首先，蚂蚁的数量非常多。每只蚂蚁的重量虽然只有人类的几十万分之一，但据说其生物量却能够与人类相匹敌。换句话说，如果计算重量，那么蚂蚁将占到地球上动物总资源的三成左右。即便是在昆虫界，数量如此多的生物也是极其特殊的个例了。

蚂蚁的优点是它们拥有聪明与智慧，这种智慧是蚂蚁群体的智慧，它们通过个体间的合作创造出了"社会性智慧"，因此蚂蚁拥有令人难以置信的、极其精妙的社会结构。事实上，个体间合作、集体狩猎的行为，在动物界并不少见。但能够发展出农耕这种社会性劳动的生物，除了人类就只有蚂蚁了。正因为拥有这种社会性智慧，所以蚂蚁才能够适应地球上的所有环境，也因此拥有极其庞大的数量。

据目前人类所知，蚂蚁有差不多3000个种类，每一种都拥有自己独特的、丰富多彩的生活形态。除了某些特殊的蚂蚁种类以小家庭为单位、像独狼般生活外，其余的蚂蚁虽然种类不同，但都生活在高度组织化的社会之中。经过1.5亿年漫长的进化过程，蚂蚁就仿佛开展过所有类型的社会形态实验一般。而蚁巢的规模也从几千只到数百万只不等，跨度非常之大。对于超越部族规模的社会组织，仅拥有6000多年文明的人类，其实有很多应该像蚂蚁学习的地方。

接下来，我

们以会发展农业的"切叶蚁"（Leafcutter Ant）为例来看看蚂蚁的世界。在由一只蚁后统领的蚂蚁王国中，负责工作的工蚁由蚁后的全部女儿们组成，在蚁巢中种植蘑菇，它们的社会按照专业技能划分，采用了严格的分工制度来维持运转。在切叶蚁的社会中，不同的工种各司其职，比如有上颚像锯齿一样发达、专门负责切割叶子的工人，也有负责将切下来的叶子接力搬回蚁巢的搬运工、负责种植发酵小叶片的园艺工、时刻监督蘑菇是否存在病原菌的检测师，以及承担最重要职责的育儿工，它们会负责照顾卵和幼虫，养育下一代。从体型上，一眼就能看出这些不同工种切叶蚁的差异。

除上述工种外，切叶蚁中还有负责防御外敌的国防军。负责抵御外敌的军人体型强壮，大小能达到检测师的5倍左右。虽然至今人们仍没能弄明白切叶蚁在幼虫阶段或者虫卵阶段，究竟是通过什么方法做到的区分工种，但它们确实会根据职能进行形态分化。蚂蚁的工种其实是世袭的。每一个工种的蚂蚁的脑部大小以及解剖学上的结构都不尽相同。

读到这里可能有读者朋友会惊讶地反应过来："什么？大脑？原来蚂蚁有大脑啊！"大家看过法布尔的《昆虫记》吗？这本书里面写着，蚂蚁即便脑袋掉了也能够继续存活。

所有的昆虫都有大脑。蚂蚁的头被切掉后依然能够活着是因为蚂蚁是节肢动物，它每一节都有一个小小的神经节，而每个神经节都各自掌握着一个生存的基本功能，但要想作为一个完整体生存和活动就需要包含大脑的头部了。蚂蚁的大脑由100万个神经元组成。虽然与拥有10亿个神经元的人类不能比，但这个数字也非常庞大了。
要知道，人类
创造的人工智
能现如今的神
经元也只不过几万个而已。

依靠有100万个神经元的大脑，每一只蚂蚁都能在自己的岗位上完成自己要负责的工作。而且所有的蚂蚁都能够区分出其他蚂蚁是否同族，究竟是同伴还是敌人；也能够区分出各自的职责，以及出去冒险寻得的更好的觅食场所。甚至它们还会与同伴分享找到的好的觅食场所。知道觅食场所的蚂蚁会用触角与其他蚂蚁的身体接触，亲自带路将其他蚂蚁带到目的地。

在形成组织的社会生活中，个体之间需要进行高密度的信息交换，而蚂蚁则主要通过释放与感知化学物质来完成这个过程。最先找到觅食场所的那只蚂蚁会在途中用信息素留下"足迹"。按照第一只蚂蚁留下的足迹，其他蚂蚁会继续在足迹上面留下信息素，于是通往觅食场所的道路上就会出现一条有着强烈信息素气息的指引痕迹，这样其他的蚂蚁就都会走这条路去觅食了。这也可以称为一种多数决的集体智慧。

说到多数决，就不得不提到"红火蚁"（Solenopsis invicta Buren）。红火蚁会袭击附近同族的蚁巢，并将里面的虫卵和幼虫抢回自己的巢穴。红火蚁便是通过这种方式壮大自己的家族的。而有意思的是，被夺走虫卵的那个蚁巢的蚁后会搬到"征服者"的蚁巢中生活。于是在一个巨大的蚁巢中，就出现了同时有好几只蚁后共同生活的情况。

当然，这种同时出现几个蚁后的状态并不

稳定，红火蚁的工蚁们会定期推选出一只"民选"的正统蚁后，而没有被选上的蚁后则会被统统杀掉。不过，这时胜出的并不一定是这个蚁巢原本的那只蚁后。据说，蚁后会发出一种特殊的信息素来率领工蚁们，而能否选上蚁后靠的就是信息素的强弱，发出最强信息素气息的那只蚁后便能够胜出。

此外，蚂蚁还会利用声音交换信息。研究表明，切叶蚁会在叶子上发出具有周期性的振动声，利用振动的间隔告诉其他蚂蚁这里叶子的丰富程度。除了上述这些，蚂蚁肯定还有其他不为人知的、交换信息的方式。

虽然目前人们还没有完全弄清楚蚂蚁的语言，但毫无疑问的是，蚂蚁拥有高度的信息交换体系。不然就很难解释那么多蚂蚁是如何通力合作袭击比自己体型大几十倍的昆虫，还能将其解体，并在多只蚂蚁的配合下将昆虫的身体碎块搬运回蚁巢的了。

蚂蚁还会为了死去的同胞建立一个公墓。当蚂蚁感知到同伴尸体散发出的化学物质后，就会将同伴的尸体搬运到某个特定的"房间"与其他的蚂蚁尸体放在一起。我想这恐怕是蚂蚁出于确保集体卫生的角度而产生的习性吧。

为了保护蚁巢而牺牲的蚂蚁士兵的巨大尸体，则会由小蚂蚁们拽回蚁巢，宛如一场悼念仪式一般。

一个战死疆场的年轻人，他的一切看来都显得俊美崇高，带着被锋快的青铜划出的伤痕，躺倒在地，虽说死了，却袒现出战争留给他的光荣。

——荷马《伊利亚特》第22卷第59节

蚂蚁是否有感情，甚至说蚂蚁是否有心，我们至今仍不知道答案。但我们似乎能在蚂蚁身上看到人类称为"灵魂"的东西，能体会到那种内心的美德。

　　在这个近乎完美的社会结构中，在这个甚至可以被视为"超个体"的蚂蚁王国中，每一只蚂蚁都可以为了集体而无私地奉献自己。蚂蚁这种整齐划一的集体合作，让人联想到古希腊的斯巴达人以及殖民时期智利的阿劳坎人。蚂蚁并不处于独裁的恐怖政治之下，它们更像由不属于其他集团的自由个体所组成，是古典时代意义上的"主权者"。蚂蚁如果有心的话，应该是像爱琴海那般纯净清澈吧。

蚂蚁与自由

蚂蚁原本是自由的。

虽然现在的蚂蚁是在地上爬的，但很久以前它们是在天上飞的。蚂蚁的祖先其实与在天空中飞舞的蜜蜂相似。为了建立一个自己的大国，蚂蚁斩断了自己的翅膀来到了地上。

这里说的蚂蚁斩断自己的翅膀并不是一个比喻，而是正如文字所描述的那样，是一个事实。普通蚂蚁在进化的过程中确实失去了翅膀，但身为蚁后接班人的处女蚁后，以及仅为了和她们交配而出生的雄蚁仍拥有翅膀。为了建立自己的王国而离开母亲蚁巢的新蚁后在结束了婚飞后便会落到地上，然后斩断自己的翅膀。

顺便一提，这些雄蚁一生只有这一次飞行的机会，在体验到自由的味道后它们便结束了自己的任务，在落地后生命也走向终点。

没有了翅膀以后，蚁后会开始挖巢穴在里面产卵，培养自己的女儿成为初代工蚁，而之后的生命中就一直专心于产卵这一件事。虽然蚂蚁的世界有蚁后的存在，但其并没有统治其他蚂蚁。工蚁们会抚养这些蚂蚁卵、抚育它们，蚂蚁的社会体系是自主形成的。它们会不断扩建蚁巢、扩建觅食场所，使自己的王国领土越来越壮大。

但是，并不是所有的王国都能保证顺利地发展下去。比如，对某个蚁后来说这一片是适合生存的地点，对其他蚁后来说自然亦是如此。对寻求发展的蚂蚁王国来说，最大的敌人便是同族或异族的其他蚂蚁王国。

即便是聚集了强壮兵蚁的防卫军也经常会在和其他蚂蚁王国的战斗中败北。更恐怖的是蚂蚁中还存在一个专门捕猎其他蚂蚁、奴役其他蚂蚁的特殊种族，它们就是"武士蚁"（Polyergus samurai）。

武士蚁的字典中可没有宽恕与慈悲这样的字眼。它们在袭击其他蚁巢、将蚁后和成年蚂蚁

"赶尽杀绝"后，还会将这里的卵和幼虫全部带走。甚至有时它们会夺走整个蚁巢。而被带走

的小蚂蚁们最终会被培养成武士蚁的奴隶。目前人类还没有弄清楚武士蚁究竟使用了怎样的"化学魔法"，但从结果来看，这些小蚂蚁确实会听从武士蚁的支配。这些被奴役的蚂蚁原本应该将养育下一代的本能应用到自己的姐妹身上，照顾自己的家族，但现在却被强行改变，被迫照顾"新主人"以及养育"敌人的孩子"。它们该有多么绝望和悲痛啊。

　　我的研究生学生中村曾说过这样一句话："因为蚂蚁没有心，所以它们也没有绝望和悲痛这样的情感。"他说这句话时正在大学的研究室里一边看蚂蚁的视频，一边对蚂蚁的社会进行说明。而中村他们看的视频正是蚂蚁研究的世界顶级权威、德国维尔茨堡大学的博尔特·霍尔多布勒（Bert Hölldobler）博士在 Youtube 上传的视频。我们的研究团队正在计划参考蚂蚁的相关视频，展开多数决的政治进程数学模型的研究。对于中村的这个观点，我反驳道："确实，因为只有蚁后有生殖功能，所以蚂蚁或许真的没有恋爱这样的情感。但是你为什么就断定蚂蚁没有心呢？通过这个视频，能看出基本上我们人类能做的事情蚂蚁都能做到。它们做不到

的估计也就是量子力学的计算这种事情吧？"

对于我的反驳，中村同学回答："但是我感觉蚂蚁其实只是靠本能的驱动在运行它们需要完成的'程序'，其实它们既没有心也没有感情，没有自由，也没有奴役。"

对此，我仍不肯罢休，继续争辩道："蚂蚁会像人类一样开展农业、像人类一样向同伴传递信息、像人类一样举行葬礼，要是这样还说蚂蚁没有心，是不是太牵强了呢？如果武士蚁没有凭借自己的意志奴役其他蚂蚁、仅仅是按'设定程序'自动行动这样的说法来解释，恐怕说不通吧？"

中村同学也毫不让步，继续说道："那不一样。但是如果能找到奴隶蚂蚁造反或者在蚂蚁社会掀起了革命的证据，那我也会承认蚂蚁有心，它们有自由的意志。"

原来如此！如果蚂蚁有自己的想法，它们应该是会追求自由的吧。如果奴隶蚂蚁被绝望击溃的话，早晚有一天它们积压的愤怒便会爆发，拥有强烈意志的奴隶最终应该会站出来反抗。而唯唯诺诺顺从地接受压迫与暴政的蚂蚁，看起来确实就像一台自动运转的机器罢了。

最终，这场争论我并没有说服学生，之后也仍然无法释然。我回到自己的办公室后，为了确认检索了几个关键词：slave、ants、revolt……

你们猜怎么着？最近德国美因茨大学的庞明格尔（音译）博士等人的研究论文可谓一石激起千层浪。他们的论文以"蚂蚁'奴隶造反'的地理分布"为题展开了调查。我还查到他们也拍摄了研究视频。在发表之初的2012年，这个研究好像还收获了不少好评。

他们的论文主要是关于武士蚁中一种名为"蓄奴蚁"的蚂蚁支配"切胸蚁"（Temnothorax）的相关研究。由于武士蚁从培养后代、生活起居到打扫蚁巢等全部工作都交给奴隶蚂蚁来做，所以也就为造反埋下了种子。

最初，奴隶蚂蚁会先开始消极怠工。它们会在培养武士蚁的下一代时"糊弄了事"，不再精心养育幼虫，有时还会主动杀死武士蚁的幼虫。甚至有时它们真的会集体造反，向武士蚁发动袭击。

庞明格尔博士还在论文里提出了一个问题，从生物进化的角度来看，奴隶蚂蚁的造反行为仍是一个未解之谜。大部分时候，在更具"武力"优势的武士蚁面前，奴隶蚂蚁的反抗往往会被镇压下去，而这些蚂蚁也会被武士蚁全部杀死。即便最后有侥幸逃脱的造反蚂蚁，它也失去了自己能返回的蚁巢，也没有了自己可以侍奉的蚁后。由此我们可以推测，拥有热爱自由的叛逆基因的蚂蚁就此灭绝，世上也就只留下了拥有顺从的奴隶基因的蚂蚁。

不过论文作者还提到，如果引入"亲缘选择理论"来思考这个问题的话，谜题似乎就解开了。

利用这个理论，我们可以这样理解：有一个具有强烈反抗精神的奴隶蚂蚁种族，它们有好几个蚁巢。在一定的概率下，它们的蚁巢会被武士蚁袭击，而它们的孩子也会成为奴隶，但在热爱自由的基因驱使下，这些小蚂蚁长大后终究会造反。而武士蚁的战斗力受奴隶蚂蚁造反困扰而削弱，奴隶蚂蚁的蚁巢被侵占的数量越来越少，于是存活下来的奴隶蚂蚁也渐渐多起来。也就是说，"反抗军"凭借勇敢，拼上了自己的性命，保全了同族的性命。而这也间接地使同族的革命基因能够维持下去。

为了印证这个说法，论文作者在几个不同的地方进行了调查。作者发现奴隶蚂蚁造反的频率与未被袭击的蚁巢的比例之间存在密切关联，这个关联能够完美地契合亲缘选择理论。

蚂蚁究竟有没有心，这个问题依然无解。但我们已知，蚂蚁与人类一样热爱自由，它们可以为此舍弃自己的性命。

飞越银河的蝴蝶

安西冬卫有这样一句诗。

てふてふが一匹韃靼海峡を渡つて行つた

一只蝴蝶翩翩飞过鞑靼海峡

这短短的一句诗，仅读一遍便令人对北部
地区的幻想风景难以忘怀。但现实其实比诗人
的灵感更加奇妙。估计诗人之前并没有听说过
"帝王蝴蝶"吧。这种大型蝴蝶每年迁徙时都要
从加拿大飞到墨西哥。

关于这种蝴蝶的生态最令人难以置信的是，它们的迁徙是世代相承、交接完成的。出生于北方的帝王蝴蝶到了夏末，成百上千地集群向南飞。它们飞过被秋风吹起波纹的五大湖、一望无垠的大草原、墨西哥湾、一大片茂密的仙人掌林，总计要飞行4000千米，这个过程需要一个月左右的时间，几乎相当于一只蝴蝶生命的总长度，而它们的目的地是位于墨西哥西南部米却肯州的山林（相当于从高知县到东京距离的5倍），帝王蝴蝶会在那里产卵。然后在米却肯州出生的下一代会从虫卵变成蛹，留在当地过冬，当春天到来时它们又会飞回凉爽的北方草原。或许是因为途中会遇到什么困难，这趟向北飞的迁徙需要三代蝴蝶来完成。帝王蝴蝶在飞越美国时会产两次卵，它们在迁徙过程中会减少差不多一半的数量，而最终飞回祖先所在地加拿大的帝王蝴蝶其实已经是第一批向南飞的蝴蝶的曾孙了。

如果我们无视现实中偶然发生的相关事件的时间顺序，这件事我们也可以这样描述：安西冬卫幻想的"飞过海峡的蝴蝶"这个概念，追溯回了几十万年前，并在美国这片土地上唤醒了一只蝴蝶冒险的心，于是世代相承飞越大陆的蝴蝶之姿变成了现实。

这么说来，蝴蝶如果只是为了在附近飞舞需要那么大一对华丽的翅膀吗？

昆虫之所以有翅膀，应该是在眼前所面临的生存竞争中，因为偶然的突变长出来的小翅膀的优越性随着进化不断演变而来的吧。但若从结果来看，或许我们也可以这样解释：蝴蝶之所以获得了翅膀，是因为它们要从自己诞生的那个小小的生活圈里，跨越大地和海峡的种种障碍，最终飞到地球的各个角落。

顺着这个思路我们换个问题来思考一下：人类获得智慧又是为了什么呢？人类创建文明社会、孕育科学到底是为了什么？这两个问题的答案毫无疑问是在人类内部的生存竞争中，这些都能带给我们优势。孕育了科学的人类发明了近代产业，也使得大气中的二氧化碳越来越多，由此看来人类还试图改变地球的气候。但即便如此，科学依然在发展，人类的数量依然在不断增长，人类不断在消耗、啃食地球上的有用资源。现如今的地球上究竟还有没有能够满足年轻人冒险之心的未知区域呢？接下来的地球还能支撑人类生存多少年呢？

模仿大溪地的画家高更，我将这几个问题

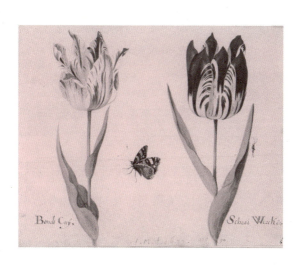

换成了下面三句话：

> 我们从哪里来？
>
> 我们是谁？
>
> 我们到哪里去？

从空间角度来看，发展出文明的智慧生命体，究竟扩张到哪里了呢？

人类文明的发展已经触碰到了银河的边界，但人类文明的时间充其量也就只有一万年。但是，在广袤的宇宙中有两兆左右的星系，每个星系里还有数十亿颗恒星，其中一部分还有行星。人们预测这些行星虽然只占了极小一部分，但是诞生出了生命体，而这些生命体能够生存数万年、数十万年甚至数百万年。仔细想来，与其他行星不存在生命体的预测相比，还是这种推测更为合理自然吧。

　　某个行星上持续了10万年的文明恐怕已经扩张到太阳系的其他行星上了。而持续了数十万年的文明，恐怕都已经扩张到其他恒星系去了。到达附近恒星系的智慧生命体的文明恐怕会试图到达更遥远的恒星系，甚至是将自己的文明带到整个星系。

　　而这时突破光速将成为一大障碍。在现如今可以设想到的技术中，人们有可能让宇宙飞船以百分之一光速的速度飞行，以这个速度往返银河两端大概需要200万年。即便是去距离地球最近的比邻星，以这个速度也需要400年，这样看来人类也需要世代相承地飞行了。但是，拥有智慧的生命体并不会畏惧时间和虚无带来的障碍。如果出现翅膀这个基因遗传过程的理论归结是飞越鞑靼海峡的蝴蝶，那么孕育出智慧这个基因遗传过程的理论归结便是飞越银河的人类。

也有说法认为地球上的生命其实都起源于宇宙。

研究地球外传来的神秘电波源CTA-102的俄罗斯天文学家尼古拉·卡尔达舍夫（Nikolai Kardashev）在1962年发表的论文中，曾主张这个电波是地球外文明发出的信号。但这个观点后来被推翻了，CTA-102被证实其实是活动星系核。但是卡尔达舍夫仍然坚信宇宙中充满智慧文明。如今他已经成为地球外智慧生命体探查的权威专家，根据可运用的能耗，卡尔达舍夫将宇宙中存在的所有文明分成了三个等级。

等级1：用尽一整个行星的能量

等级2：用尽一整个行星系的能量

等级3：用尽一整个星系的能量

在卡尔达舍夫的计算中，现代人类的文明还处于等级1的完成阶段，我们的文明指数只有0.71。安西冬卫幻想的飞越极寒海峡的蝴蝶，其实是在比喻在群星中飞越宛如卷起泡沫的海洋般的天空的人类，但不知道几十万年后的人类是否也会这样认为呢？

率领候鸟

2001年年末，在以清澈的蓝天和纯白色的沙滩而闻名于世的佛罗里达州彭萨科拉市郊外发生了这样一件奇事：居民看到了一番奇迹般的光景。北边的天空上，在一架滑翔机的率领下，7只拥有美丽翅膀的美洲鹤排成一个完美的"V"字形，朝着紧挨城市的自然保护区飞了过来。甚至有七十多岁的老人看到这番景象后回忆起了自己的少年时代，想到每到冬天就会看到白鹤飞过的场景。

郊外，一位五十多岁的绅士将自己的吉普

车停靠在路旁，久久地望着天空，眼里满含泪水。他的名字叫比尔·斯莱登（Bill Slayden），斯莱登博士是一名研究候鸟的动物学家。这一天也正是纪念他的项目"候鸟迁徙行动"成功的日子。白鹤在两个月前，就已经离开了冬季早早到来的威斯康星的湿地公园。它们在滑翔机的率领下，飞越了美国大陆2000千米的遥远距离，一路南下。而驾驶这架滑翔机的人是斯莱登博士的朋友威廉·"比尔"·里士满（William "Bill" Lishman）。

比尔少年时代的梦想是在天空中飞翔。尽管曾加入加拿大空军，但后来他因为被查出色盲而在飞行员考试中落选。回到位于安大略省的父亲的农场后，倍感失望的他并没有放弃自己的梦想，他在农场帮忙的同时还学习了如何操作滑翔机。打听到约翰·穆迪驾驶着超轻的简易式滑翔机飞行成功后，比尔立刻开始动手独自改造了自己的滑翔机。

事情的转机发生在电影院。比尔在电影院看到了一个小船带领鸭群的场景，这唤醒了他混在鸟中在天空飞行的少年梦想。如果马达小船可以做到，马达滑翔机应该也可以做到领着鸟飞！

1988年，比尔成功驾驶超轻型飞机带着12只加拿大黑雁的队伍在农场上方飞了一圈。之后哥伦比亚电影公司还将这个场景拍成了电影，渐渐地获得了越来越多的好评。1992年，比尔的事迹传入了斯莱登博士的耳中。

当时，斯莱登博士在美国弗吉尼亚州的一个鸟兽研究所致力于挽救濒危物种——美洲鹤。曾经每逢春秋，都是北美上空一道风景线的美洲鹤，进入21世纪以来数量却急剧减少，甚至曾经一个时期的个体数量减至只剩20只。但他的研究也碰了壁。虽然美洲鹤的人工孵化实验成功了，但人类养大的美洲鹤与被父母教会迁徙路线的野生鹤不同，它们并没有掌握迁徙的本领。如果美洲鹤不会迁徙，它们将被迫留在北美度过严冬，然而它们实在难以抵御这个地方冬季的寒冷。另外，被放生到佛罗里达州湖泊地带的美洲鹤，在夏季的繁殖期也很难抗过

与其他鸟类的生存竞争，在这里它们同样难以生存。

斯莱登博士在听到滑翔机带领黑雁队伍飞行的事情后，立刻拍了拍自己的膝盖，他突然意识到，或许这个飞行少年能够带着美洲鹤飞越大陆，完成南北迁徙。

在之后的9年时间里，他们先是用加拿大黑雁，后来又用美洲鹤的近亲灰鹤反复进行了实地实验。其中最难的一点是让鸟在继续保持对人不亲近的状态下，能够学会跟着滑翔机飞行。失去野性的鹤在练习迁徙的过程中多次中途放弃，有时甚至会落在校园里和学生们玩耍。鹤这种高傲的生物原本绝不会亲近人类，但现在为了求得一些食物而追着校园里的学生们跑，看到这一幕的斯莱登博士满目愁云。在经历了无数次的失败、无数次总结经验重新制定方案、克服重重困难之后，终于迎来了2001年晚秋的这一天。这一天，比尔将带着美洲鹤正式开启一场为时两个月的迁徙飞越。

斯莱登博士站在彭萨科拉市路边，在他的正上方，宛如在炫耀自己华美的翅膀一般，鹤群展翅高飞，它们排成整齐的队列跟随着比尔一起飞向远方！

从打头的马达滑翔机上，能够看到身穿飞行服、戴着防风镜的比尔正在挥手。或许是想通过叫声表达对斯莱登博士的认可，白色的鹤发出整齐的啼鸣，响彻原野。

后来，有报社记者问比尔为什么想要教鸟类迁徙，他是这样回答的：

"因为是鸟类先教会人类飞行的，所以我感觉教已经不会飞的鸟类如何飞行，或许这本来就是我们的义务吧。"

很久以前，美国有一个传说，据说太阳每天早晨升起，都必须要人类不断地虔诚供奉。像比尔和斯莱登博士做出的人类行为，或许正是地球不断转动的原因之一吧。

参考文献 · 引文出处 · 插图一览

参考文献

　　为了掌握科学发现的最前沿信息，我们只能不断阅读专业的学术杂志上刊登的论文，在所有科学领域都高度专业化的现代，即便列奥纳多·达·芬奇重生，也不可能掌握所有学科的专业知识。对最新的研究成果进行取舍、选择，并用简单易懂的语言向一般读者传递其中内容的杂志有 National Geographic 和《日经 Science》。这两本杂志都以翻译美国的杂志为主，后者还包含日本版独立报道的文章。

希望更深入了解宇宙的读者，可以阅读科普书籍中的经典著作：卡尔·萨根的《宇宙》（上、下）（日文版，木村繁译，朝日书选，2013年）。如果想阅读涵盖更新观点的书籍，我认为须藤靖编写的《この空のかなた》（亚纪书房，2018年）是一本易懂的好书。

用娓娓道来的语言，结合时代背景，对原子世界进行探索的读物有：《量子革命——アインシュタインとボーア、偉大なる頭脳の激突》（曼吉特·库马尔，青木薫译，新潮文库，2017年）。

数理社会学以及数理相关的伦理学、语言学，或许是因为这个话题较为新颖，目前笔者尚未在日语出版物中找到很好的入门书籍，但是对于其中一些内容，下面这些书或许能够为大家提供参考：

《スモールワールド・ネットワーク——世界をつなぐ「6次」の科学》（邓肯·J.瓦茨，友知政树译，CHIKUMA学艺文库，2016年）；

《言語が違えば、世界も違って見えるわけ》（盖伊·多彻，椋田直子译，Intershift，2012年）。

生物学整体的入门书籍，我推荐鹫谷Izumi监修、森诚、江原宏共编的《ライフサイエンスのための生物学》（培风馆，2015年）。

对于蚂蚁社会的详细介绍，《ハキリアリ——農業を営む奇跡の生物》（博尔特·霍尔多布勒和爱德华·威尔逊，梶山Ayumi译，飞鸟新社，2012年）能够带给我们很好的启发。

引文出处

· 每一章首页上吉田一穗的诗均引自《吉田一穗诗集》现代诗文库1034（思潮社，1989年）。

Epigraph: Kahril Gibran, Sand and Foam, (Alfred A. Knopf, 1926).

第1夜 C. T. Scrutton and R. G. Hipkin, "Long-term changes in the rotation rate of the Earth" ,Earth-Sci. Rev,1973(9):259-274.

F. Nietzsche, Also sprach Zarathustra: EinBuch für Alle und Kei nen, ErnstSchm-eitzner, 1883.

第2夜 A. E. Rubin and J. N. Grossman, "Meteorite and meteoroid: New c omprehensive definitions" , Meteor. Planet. Sci, 2010 (45):114–122.

M. Davis, P. Hut, and R. Muller, "Extinction of species by periodic comet showers" , Nature, 1984(308): 715–717.

第3夜 S. Gillessen, F. Eisenhauer, S. Trippe, T. Alexander, R. Genzel, F. Martins and T. Ott, "Monitoring stellar orbits around the massive black hole in the galactic center" .Astrophys. J, 2009(692): 1075–1109.

R. M. Wald, Space, Time, and Gravity: The theory of the Big Bang and black holes,University of Chicago Press, 1992.

第4夜 J.-L. Lagrange, "Essai sur le problème des trois corps" , Prix d e l' académie royale des sciences de Paris, tome IX, 1772.

第5夜 F. J. Jervis-Smith, Evangelista Torricelli, Oxford University Press,1908.

B. Pascal, Pensées, Éditions Rencontre, 1960.

第6夜 P. Fournier and F. Fournier, "Hasard ou mémoire dans la découverte de la radioactivité" ,Revue de l' histoire des sciences, 1999(52): 51–80.

第7夜 初出：全卓樹、高知新聞「所感雑感」H30.8.6.

R.Rhodes, Making of atomic bomb, Simon & Schuster, 1987.

第8夜 H. Everett, "Relative state formulation of quantum mechanics" , Rev. Mod. Phys, 1957(29): 454–462.

第9夜 [日]服部哲弥. 統計と確率の基礎.学術図書, 2006.

Z. Wang, B. Xu and H.-J. Zhou, "Social cycling and conditional responses in the Rock-Paper-Scissors game" , Sci. Rep. 4 (2015) 5830(7pp).

第10夜 S. Brin and L. Page, "The anatomy of a large-scale hypertextual Web search engine" ,Comp. Net. ISDN Sys, 1998(30): 107–117.

第11夜 M. J. Salganik, P. S. Dodds and D. J. Watts, "Experimental study of inequality and unpredictability in an artificial cultural market" , Science, 2006(311): 854–856.

第12夜 D. Austen-Smith and J. S. Banks, "Information aggregation, rati onality, and the Condorcet Jury Theorem" , Amer. Polit. Sci. Rev, 1996(90): 34–45.

第13夜 S. Galam, Sociophysics: A physicist' s modeling of psycho-politi cal phenomena,Springer, 2012.

T. Cheon and S. Galam, "Dynamical Galam model" , Phys. Lett. A 38 2 (2018): 1509–1515.

第14夜 T. Horikawa, M. Tamaki, Y. Miyawaki and Y. Kamitani, "Neural decoding of visual imagery during sleep" , Science, 2013(340):

639–642.

第15夜 C. Everett, Linguistic relativity, Walter de Gruyter, 2013.

S. Salminen and A. Johansson, "Occupational accidents of finnish- and swedish-speaking workers in Finland: A mental model view", Int. J. Occup. Safe. Ergon, 2000(6): 293–306.

第16夜 E. Awad, S. Dsouza, R. Kim, J. Schulz, J. Henrich, A. Shariff, J.-F. Bonnefon and I.Rahwan, "The Moral Machine experiment", Nature, 2018(562): 59–64.

第17夜 C. Burns (ed.), The Moth: This is a true story, Serpent's Tail, 2015.

第18夜 B. Hölldobler and E. O. Wilson, The Ants, Harvard University Press, 1990.

第19夜 T. Pamminger, S. Foitzik, D. Metzler and P. S. Pennings, "Oh sister, where art thou? Spatial population structure and the evolution of an altruistic defence trait", J. Evol. Biol, 2014(27): 2443–2456.

第20夜 A. Agrawal, Monarchs and Milkweed: A migrating butterfly, a poisonous plant, and their remarkable story of coevolution, Princeton University Press, 2017.

N. S. Kardashev, "Transmission of information by extraterrestrial civilizations", Soviet Astronomy, 1964(8): 217–221.

第21夜 P. Hermes, Fly Away Home: The novelization and story behind the film, New market,2005.

插图一览

p. 63 "Albert Einstein and Leo Szilard with letter dated August 2, 1939 to President Franklin D. Roosevelt." (U)

p. 65 Berlyn Brixner, Los Alamos National Laboratory, "Trinity Site explosion,0.016 second after explosion, July 16, 1945". Wikimedia Commons.

p. 74 A. M. Worthington, The Splash of a Drop. (S.P .C.K., 1895) 74. (I)

p. 77 Hans Vredeman de Vries, "Tuin met een centrale parterre in de vorm van een spiraal" (c.1635–40). (R)

p. 79 Art Young, "The haunted house" (1907). Library of Congress.

p. 84 Anonymous, after Esteban Murillo, "Fotoreproductie van (vermoedelijk) een schilderij van Esteban Murillo, voorstellend dobbelende kinderen. " (1894). (R)

p. 96 Henri Verstijnen, "Pauw in een landschap" (1892–1940). (R)W. H. Beard (paint), Saml. Holye (engrave), "Flaw in the title " (c. 1871). Library of Congress.

p. 99 Anonymous, "Twee mannenkoppen, in ovale omlijsting" (1700–99). (R)

p. 102 Art Young, Through hell with Hiprah Hunt, (Zimmerman's, 1901) 41. (I)

p. 113 A. C. Doyle, The Adventures of Sherlock Holmes, (G. Newnes, 189 2) 107. (B)

p. 117 Antonio Tempesta, "Zittende aap" (1565–1630). (R)

p. 119 Thomas Monck Mason, Aeronautica, (F.C. Westley, 1838) 72. (L)

p. 124 Jean Siméon Chardin, "Retrato de Auguste Gabriel Godefroy" (1741).

p. 130 Bonfils, "Markt met handelaren en bezoekers in Jaffa " (c.1867–95). (R)

p. 132 A postcard illustrating a variety of good luck charms. Chromoli thograph. (W)

p. 133 C. Flammarion, L' atmosphère: météorologie populaire, (1888) 163 .

p. 138 Odilon Redon, "Vision" plate eight from In Dreams (1879). (C)

p. 144 H. H. Bancroft, The Native Races of the Pacific States of North America, (Appleton, 1875–76) 353. (I)

p. 149 S. Christoph, Disquisitiones mathematicae de controversiis et novitatibus astronomicis, (1614) 63. (L)

p. 153 W. Homer, "Watch-Tower, Corner of Spring and V arick Streets, New York" (1874).(C)

p. 156 阿部伸二（http://www.karerano.com/）.

p. 167 Jo Spier, "If you dislike Gambling, Schlumberger" . Stedelijk Museum Zut phen.

p. 169 "A hot-air balloon flies over a park with marquees and bunting where crowds of people are gathered" , Coloured lithograph. (W)

p. 173 Edwin Levick, "An excellent view of the front facade of the Immigration Station; a boat is docked in front." and "Passed and waiting to be taken off Ellis Island." (1902–12). (N)

p. 174 Peter Vilhelm Ilsted, "Meisje aan een halfronde tafel" (1909). (R)

p. 180 H. C. McCook, Ant communities and how they are governed, (H. & B., 1909) 233. (I)

p. 183 Ibid, 151. (I)

p. 188 D. Mantuana, after G. Romano, "Menelaus met het lichaam van Patroclus" (c.1557– c.1612). (R)

p. 191 J. G. Wood, Insects abroad, (Longmans, Green, 1883) 428. (I)

p. 193 Christoffel van den Berghe, "A Rose and Five Insects" (1618). (R)

p. 203 Jacob Marrel, "Twee tulpen met atalanta en krekel" (1637). (R)

p. 208 McDonnell Douglas, "Pioneer Galileo mission trajectory artwork" (1977). NASA.

p. 212 "Whooping Crane Ultralight Migration" (2012). U.S. Fish and Wildlife Service.

p. 216 "Orville Wrights T est His Glider at Kitty Hawk, NC. " (October 24, 1911). NASA.

Images courtesy of :

(B) = British Library

(C) = Art Institute of Chicago

(I) = Internet Archive

(L) = Linda Hall Library of Science, Engineering & T echnology

(M) = Metropolitan Museum of Art

(N) = New York Public Library

(R) = Rijksmuseum

(S) = Smithsonian Libraries

(U) = U.S. Department of Energy

(W) = Wellcome Collection